Na vida ninguém perde

Coordenadora editorial: Tânia Lins
Coordenador de comunicação: Marcio Lipari
Capa e projeto gráfico: Jaqueline Kir
Preparação e revisão: Equipe Vida & Consciência

1ª edição — 1ª impressão
5.000 exemplares — fevereiro 2018
Tiragem total: 5.000 exemplares

CIP-BRASIL — CATALOGAÇÃO NA PUBLICAÇÃO
(SINDICATO NACIONAL DOS EDITORES DE LIVROS, RJ)

M319n

Marques, Meire Campezzi
Na vida ninguém perde / Meire Campezzi Marques. - 1. ed., reimpr. - São Paulo : Vida & Consciência, 2018.
240 p. ; 23 cm.

ISBN 978-85-7722-553-8

1. Romance brasileiro. I. Título.

18-46950 CDD: 869.93
CDU: 821.134.3(81)-3

Este livro adota as regras do novo acordo ortográfico (2009).

Vida & Consciência Editora e Distribuidora Ltda.
Rua Agostinho Gomes, 2.312 — São Paulo — SP — Brasil
CEP 04206-001
editora@vidaeconsciencia.com.br
www.vidaeconsciencia.com.br

Na vida ninguém perde

MEIRE CAMPEZZI MARQUES

Romance inspirado pelo espírito Thomas

Prólogo

As ruas estavam escorregadias naquela manhã, havia nevado a noite toda, a neve se condensou e se transformou em gelo, que derretia com o calor do sol — que iluminava a manhã — colorindo o acinzentado do céu. Os moradores tentavam deixar suas casas para seguir para mais um dia de trabalho. A maioria das garagens dos prédios estava com a frente coberta por grossa camada de neve. Sara tentou tirar seu carro, mas, como todos os outros moradores, ela também não conseguiria sair antes que o trator chegasse para remover a neve.

Sara decidiu sair do prédio e seguir para a estação de metrô a pé. Com dificuldade, passou pelo portão lateral, o principal estava bloqueado pela neve. Ela segurava seu *laptop* em uma maleta com uma das mãos e com a outra, levava a bolsa.

Conseguiu chegar à esquina, as ruas estavam escorregadias e Sara pisou em falso. Logo, ela estava deitada sobre a fina camada de gelo. Seu casaco molhou, a bolsa caiu distante dela, e o *laptop* deslizou para o meio-fio.

Rafael também tentava chegar ao seu trabalho, no centro. Ele recolheu o *laptop* de Sara e a ajudou a se levantar. Os dois ainda se desequilibraram de um lado para o outro, até que Rafael conseguiu erguer Sara novamente.

Ele falou em inglês, pedindo a ela que ficasse calma, que ele pegaria sua bolsa, mas antes a deixaria em um local seguro, próximo à esquina.

Sara era uma mulher de vinte e dois anos, cabelos escuros e pele clara, seus olhos eram grandes e se destacavam em seu belo rosto de traços delicados, dona de um corpo perfeito e escultural, que fez Rafael estremecer quando se tocaram, acidentalmente, minutos antes. Ela era filha de pai americano, nasceu nos Estados Unidos, sua mãe era brasileira. Sara nunca havia visitado o Brasil. Mas a mãe insistiu em ensinar-lhe português, queria que Sara conhecesse suas origens.

Rafael era brasileiro, estava nos Estados Unidos havia cinco anos. Ele deixara o Brasil com dezoito anos, entrou no país clandestinamente, queria uma vida melhor, com mais conforto. Quando Rafael falou inglês com Sara, ela percebeu que ele tinha um sotaque estrangeiro conhecido. Depois, quando ela já estava de pé, ele foi apanhar sua bolsa que estava distante dali. Entregou os pertences a Sara e seguiu seu caminho, despedindo-se. Sara, então, o agradeceu em português.

— Obrigada.

— Você fala português?

— Sim, sou filha de uma brasileira. E você, é brasileiro?

— Sou, reconheceu por meu sotaque latino? Faz alguns anos que cheguei aqui. Tenho que correr, estou atrasado para o trabalho. A senhorita está bem?

— Sim, obrigada novamente...

— Desculpe-me, não me apresentei cordialmente. Sou Rafael.

— Sou Sara, está seguindo para a estação de metrô?

— Sim, se desejar posso ajudá-la a chegar até lá. A calçada está escorregadia. Segure meu braço.

Sara segurou o braço de Rafael e os dois seguiram lentamente por mais três quarteirões até a primeira estação de metrô. Chegando lá, Rafael se despediu de Sara. E ela, querendo agradecer como os latinos, quando foi beijar o rosto dele, o rapaz virou rapidamente e o beijo foi dado no canto dos lábios. Rafael estava encantado com a beleza de Sara e ficou enlouquecido com aquela aproximação. Seu corpo estremeceu de prazer.

Ele era um jovem de boa aparência, rosto másculo, olhos claros e cabelos dourados, possuía estatura alta e estava em pleno vigor de sua juventude aos vinte de três anos.

Os dois trocaram telefone e seguiram seus caminhos.

Esse encontro mexeu com Rafael, e ao final do dia, ele procurava em todos os rostos femininos o rosto de Sara.

O mesmo aconteceu com ela, ao recordar o toque nos lábios de Rafael, seu corpo vibrou de emoção. Durante o trajeto de volta para casa, no metrô, Sara procurava em outros homens, debaixo de todos os sobretudos escuros, Rafael.

***

O dia gelado se findava com uma nova tempestade de neve. Sara, em seu apartamento, descongelou seu jantar, deitou sob grossas mantas em sua cama, ligou a TV procurando por um canal qualquer, encontrou um filme que se passava no Brasil, prestou atenção na paisagem que era mostrada pelas imagens e não gostou do que viu naquele país. Eram morros com construções toscas, não havia beleza nas favelas. "Será que o Brasil é somente isso? Minha mãe falava de cidades com grandes prédios" — pensou ela. Sara se interessou em conhecer melhor o Brasil, afinal era o país que sua mãe nasceu e cresceu.

Sara entrou na internet e pesquisou um pouco, percebeu que era um país de grandes contrastes, havia lugares belíssimos, como também lugares de grande pobreza. Ela se perguntava: "Qual será o estado brasileiro em que Rafael nasceu? Melhor ligar e perguntar para ele! Mas Sara, invadir a intimidade de um homem que conheceu há menos de vinte e quatro horas? O que ele pensará a seu respeito, sua desfrutável! Melhor dormir, quem sabe o amanhã me reserva uma agradável surpresa, na esquina, novamente."

Sara viu em sua rede social que havia um pedido de amizade de Rafael Lemos, imediatamente o reconheceu na pequena fotografia, na qual, ele exibia um lindo sorriso. Sara aceitou o convite, e em segundos, Rafael estava falando com ela pelo aplicativo.

— Olá, Sara, é você mesma?

— Sou Sara, nos conhecemos essa manhã na esquina do meu prédio. Você é o brasileiro que me ajudou?

— Sim, sou eu, Sara. Conduzi você até o metrô, segurando em seu braço para que não escorregasse novamente. Que bom que a encontrei aqui. Procurei por milhares de Saras até encontrar sua foto ou alguém que me pareceu ser você.

— Estou tão diferente assim na fotografia do meu perfil?

— Está linda, Sara. Sou eu quem não tem uma excelente visão. E a foto não tem muita qualidade.

— Desculpe, faço isso para não deixar qualquer um visualizar meu perfil somente porque gostou de minha aparência.

— Como está nesta noite fria de inverno?

— Liguei meu aquecedor, queria ter uma lareira, gosto de observar o fogo.

— Eu tenho uma, se quiser, venha para cá.

— Seria inconveniente visitá-lo apenas para me aquecer com sua lareira.

— Faria um chocolate quente e passaríamos a noite assistindo a um velho filme romântico.

— Você gosta de filmes românticos?

— Gosto de uma boa história de amor, Sara.

— Tem alguma história de amor para contar? Ou melhor, sendo mais direta, já viveu uma linda história de amor?

— Sim, eu vivi, na adolescência, era um garoto romântico nessa idade. E você, também tem uma história de amor para me contar?

— Não, nunca me apaixonei ou amei de verdade. Foram apenas encantamentos que não deixaram marcas em minha vida. Na verdade, analisando melhor, afirmo que nunca encontrei um amor verdadeiro, desses que a pessoa se esquece de si para viver no outro. Penso que esse tipo de amor não existe nos tempos modernos.

— Não é verdade, Sara, tenho amigos que amam suas companheiras, vivem uma união estável. Em meu país existem casamentos que atravessam longos períodos de tempo.

— Nós americanos também temos uniões estáveis, existem casais que passam a vida toda juntos. O que afirmo é que nos tempos modernos as pessoas querem apenas diversão e aventura. Sem tempo para grandes amores como o que vemos nos filmes antigos.

— Não acredita mais no amor? Talvez seja por que nunca se apaixonou.

— Pode ser, não tenho tempo para perder com romances, terminei a universidade e quero construir uma carreira sólida, que me traga prosperidade. Esse é meu objetivo, e o seu, Rafael? Qual é seu objetivo na vida?

— Ser feliz!

— Que coisa estranha! Você já é feliz! A felicidade é um estado de espírito, fácil de conquistar se ficar no bem em si. Não tem algo que deseja mais do que ser feliz? Trabalha em que área?

—Trabalho em um escritório de análise de sistemas.

— Pretende estudar e se formar para ser um profissional mais qualificado?

— Sim e estou estudando, a empresa paga um curso que realizo nas primeiras horas de expediente. Quando terminar, terei aumento de salário e ocuparei um cargo de maior responsabilidade na empresa.

— E você disse que não é feliz, em curto prazo, será valorizado profissionalmente, o que lhe falta para ser feliz, Rafael?

— Um grande amor.

— Realmente é um jovem romântico. Tenho certeza de que esse grande amor um dia aparecerá em sua vida.

— Sara, tem certeza de que não quer vir ao meu apartamento se aquecer na chama da minha lareira?

— Tenho certeza, desligarei o computador, está na hora de descansar para enfrentar mais um dia amanhã. Quem sabe, um dia desses, passe em seu lar para me aquecer, o tempo dirá se sua chama me aquecerá.

— Eu sou quente.

— Boa noite, Rafael, melhor desligar por hoje, a conversa está tomando um rumo estranho, nós americanos não gostamos de manter conversas íntimas com pessoas estranhas.

— Não queria ser indelicado, os brasileiros são mais ardentes, se é que me compreende.

Sara desligou o computador e se esticou na cama, apagando a luz.

Rafael fez o mesmo após tomar um copo de água, ele vivia em uma pequena quitinete no Brooklyn, um dos bairros mais populosos da cidade de Nova Iorque. Antes de adormecer, agradeceu a Deus por aquele dia ter decorrido na tranquilidade e tudo estar em paz; em sua oração não se esqueceu de agradecer também por ter conhecido Sara naquela esquina. Sabia que aquele fora um dia de sorte, ela era uma mulher muito bonita. Rafael se virou para o lado, na cama, fechando os olhos e rapidamente adormeceu.

Sara morava em Manhattan, próximo ao grande centro comercial da cidade, onde Rafael trabalhava.

Naquela manhã, quando Rafael encontrou com Sara, estava próximo do prédio que trabalhava, mas decidiu levá-la até a estação de metrô onde se despediram. Rafael fingiu que pegaria o trem, entrou para deixar Sara segura, dentro da estação, e saiu pelo outro lado, em frente à entrada do prédio no qual trabalhava.

Capítulo 1

Rafael e Sara passaram a se encontrar diariamente, pela manhã, e quando o expediente se encerrava, Rafael sempre esperava por ela à porta do metrô, em uma estação de Manhattan. Passaram horas conversando em uma lanchonete durante a primeira semana. Logo, se estabeleceu uma agradável amizade entre os dois. Em um fim de semana, Rafael convidou Sara para visitar a casa de um amigo brasileiro, que morava próximo ao pequeno apartamento que ele locava no Brooklyn, Sara estava gostando de conhecer um pouco mais sobre a terra natal de sua mãe, e aceitou o convite para analisar o comportamento dos brasileiros quando se reuniam, sabia que a alegria era constante entre os latinos.

***

Em um sábado, às cinco e quarenta da tarde, Rafael se anunciou através do interfone do prédio de Sara.

— Sou eu, Rafael, está pronta para nosso passeio até o Brooklyn?

— Olá, Rafael, estou terminando de me arrumar, quer subir?

— Sim, está frio aqui fora. Levará muito tempo para terminar de se arrumar?

— Dez minutos, suba, estou no quarto andar, apartamento 443.

Sara abriu a porta do prédio e Rafael subiu os quatro lances de escada, o prédio era antigo e não havia elevador. Chegando lá em cima, ele apertou a companhia, meio esbaforido.

Sara abriu a porta e o cumprimentou com uma toalha enrolada na cabeça, ela beijou a face de Rafael sorrindo, por notar que ele tinha ficado corado ao subir as escadas.

— Entre, quer um copo de água? Está com o rosto vermelho.

— Aceito, realmente subir as escadas me permitiu um exercício ao qual não estou acostumado. Está com os cabelos molhados ainda?

— Acabei me atrasando, passei no supermercado, queria ter algo para lhe oferecer quando chegasse, tem refrigerante na geladeira, você aceita ou prefere um copo de água?

— Prefiro água, mas se tiver uma cerveja, aceito.

Sara fechou a porta e Rafael olhou para a sala do pequeno apartamento ao dizer:

— Seu apartamento é maior que o meu, e decorado com bom gosto.

— Não contratou um decorador de pequenos espaços para decorar seu apartamento, Rafel?

— Não, contratar um decorador jamais esteve em meu orçamento. Quando cheguei a Nova Iorque, vivi dois anos com amigos, dividia um cubículo que chamávamos de casa. Depois que encontrei um emprego estável, aluguei meu espaço no Brooklyn. Como conseguiu o seu apartamento bem localizado neste distrito?

— Meu pai alugou quando deixei o Colorado para estudar na universidade aqui. Pretendia retornar para meu estado de origem, mas encontrei um bom emprego depois que me formei. Não pretendo voltar tão cedo para lá, apenas para visitar minha tia e meu pai.

— E sua mãe, não vive com eles?

— Não, infelizmente, mamãe faleceu quando eu era criança, meu pai se casou novamente e tenho duas irmãs, Olivia e Lily, fui criada pela minha tia, irmã de papai. Não quero falar sobre isso, desculpe.

— Não vamos mais tocar nesse assunto.

— Ótimo, se não se importa, pode pegar sua cerveja na geladeira, eu quero secar meu cabelo antes que fique desalinhado, com o formato da toalha que o prende.

Sara deixou a sala e Rafael seguiu para a cozinha, que ficava atrás de um balcão que dividia os dois ambientes. Ele abriu a geladeira e retirou uma garrafa pequena de cerveja, da marca que ele gostava. Voltou para sala e sentou no sofá diante da TV. Procurou pelo controle remoto e o encontrou debaixo de uma almofada. Sintonizou o aparelho em um canal de esportes para que o tempo passasse rápido, até Sara estar pronta para sair.

A cerveja desceu bem e refrescou seu corpo que tinha se aquecido quando subiu as escadas. Rafael olhava as fotografias nos porta-retratos espalhados pela sala, reconheceu o lugar ao fundo de uma das fotos, uma mulher, ainda jovem, estava na frente de um estádio de futebol, em Minas Gerais, com certeza era o Mineirão, como o chamavam os mineiros.

A jovem era bonita e os traços de seu rosto lembravam muito os de Sara. Rafael deduziu que aquela mulher era a mãe da jovem, seu rosto aparecia em muitas outras fotografias.

Sara retornou para a sala e Rafael ficou boquiaberto ao vê-la elegantemente vestida.

— Sara! Você está linda!

— Obrigada! Você também está alinhado. Vejo que conheceu minha mãe pelas fotos. E aquele, com o rosto vermelho, é meu pai George. Ela era linda, não é mesmo?

— Sim, muito bonita, assim como você. As duas se parecem muito.

— Vanessa era seu nome. Às vezes, queria que o tempo não tivesse passado e ela estivesse viva, me esperando no Colorado. Sinto sua falta.

— Está longe de casa há muito tempo?

— Deixei minha casa quando completei dezessete anos, faz cinco anos. Voltava todas as férias para visitá-los, estando lá, não sabia que era tão feliz.

— Desculpe, não queria retornar a esse assunto que a deixa triste. Não quero vê-la triste, Sara, gosto de ver o sorriso que ilumina seu rosto. Podemos ir?

—Vamos, estou pronta, quero muito conhecer os costumes dos brasileiros, um dia pretendo visitar o Brasil.

— Quem sabe você não segue esse caminho ao meu lado, um dia pretendo retornar ao meu país tropical. Lá, não existe esse frio que congela nosso corpo. Temos sol e calor na maioria dos estados, nossas praias são lindas de norte a sul do país.

— Quero conhecer o Brasil, mas tem um lugar especial que desejo conhecer, a cidade de Belo Horizonte, você conhece?

— Sim, eu sou mineiro, nasci na cidade de Juiz de Fora. Fica no mesmo estado, em Minas Gerais. São cidades belíssimas, você vai adorar conhecê-las. Vamos? Não quero chegar tarde à festa.

— Estou pronta, fiz você esperar por muito tempo?

— Demorou um pouco, mas conheço as mulheres, demoram a se arrumar.

— Muitas já o deixaram esperando?

— Algumas, mas é um prazer senti-las perfumadas e vê-las bem-vestidas.

—Ora, Rafael, não me fale das outras, eu fico com ciúmes.

— Não tenha ciúmes, Sara, eu tenho somente olhos para você.

Rafael parou em um degrau da escada, ficou de frente para Sara, olhou em seus olhos e não resistiu, beijou seus lábios ardentemente. Sara correspondeu ao gesto com entusiasmo. Após o beijo, Rafael perguntou apertando Sara em seus braços.

— Linda morena, quer namorar um brasileiro que está vivendo em seu país?

— Aceito seu pedido, seu beijo é ardente. Pensei que não se sentisse atraído por mim, nos encontramos durante uma semana e não fez nenhuma insinuação de que havia se interessado por essa americana.

— Não queria correr o risco de perder sua amizade, Sara. Por essa razão, não dei passos atrevidos para conquistá-la. Devo confessar que estou apaixonado por você. Desejo você, Sara, mas não ultrapassarei os limites que você impuser.

— Se não estivesse curiosa para conhecer seus amigos, não seguiríamos para essa festa, voltaria para meu apartamento e ficaríamos na cama o resto do dia.

— Se desejar, podemos voltar, haverá outras festas no Brooklyn.

— Quero conhecê-los, quando voltarmos, nos entregaremos ao amor, também sinto por você uma forte atração. Senti no momento que nos encontramos, quando você me segurou e me ajudou a levantar. Meu corpo estremeceu de prazer ao tocar o seu.

— Sara, tem certeza de que deseja estar nessa festa?

— Sim, quero conhecer todos os seus amigos, não me tire esse prazer, tenho meus motivos para estar com os brasileiros, aprendendo um pouco mais sobre a cultura de seu país.

Os dois seguiram para o metrô, trocaram beijos ardentes, sem se preocupar com as pessoas que olhavam para o casal.

Logo, chegaram ao casamento de um amigo de Rafael, haveria uma cerimônia simples em uma capela e depois uma festa na casa singela dos pais do noivo. Nivaldo e Elenice se apaixonaram e decidiram se casar depois de dez anos de namoro e noivado. Suas famílias vieram para os Estados Unidos quando os dois ainda eram crianças, moravam próximos, ficaram adultos e decidiram juntar dinheiro para o casamento, mas a maior parte que juntaram, serviu para comprar uma casa pequena e aconchegante, próximo da casa de seus pais; a festa foi presente de amigos, que se uniram para comprar os salgados e os doces.

Sara estava adorando a festa, dançou com Rafael diversas canções brasileiras, o ritmo alegre a contagiava, e assim se sentiu mais próxima de sua mãe, por estar em contato com a cultura do Brasil.

A noite terminou alegre, os brasileiros gostaram de Sara, ela não parecia ser arrogante como os outros americanos que menosprezavam os latinos.

O casal retornou a Manhattan e Sara convidou Rafael para subir ao seu apartamento. Tiveram a primeira noite juntos e nunca mais se separaram no afeto que os unia.

Capítulo 2

Dois anos se passaram, Sara e Rafael se casaram em uma cerimônia elegante na capela da universidade em que ele terminou seu curso, realizaram a festa em um salão disputado por noivos, em Manhattan.

Rafael conseguiu, por se casar com Sara, que era americana, o *green card* — cidadania americana —, com plenos direitos de entrar e sair do país quando desejasse. Sara estava grávida de sua primeira filha e decidiu que ela teria de nascer no Brasil, como sua avó. Conseguiu transferência da empresa que trabalhava para um escritório em São Paulo. O casal se mudou para a nova cidade, deixando Nova Iorque para trás.

***

A empresa disponibilizou para eles um belo apartamento em um bairro elegante da cidade de São Paulo. Sara, a princípio, estranhou muito a mudança de país, mas encontrou em São Paulo uma metrópole como Nova Iorque, naturalmente com suas diferenças culturais. Sara estava feliz por sua pequena Jaqueline nascer no Brasil.

Ela recebia um salário alto, o que lhe permitiu que fizesse seu parto numa das melhores maternidades da cidade.

Rafael ganhava bem, mas Sara tinha um salário maior que o dele. Isso, às vezes, incomodava-o, havia nele certo constrangimento por não ser o grande provedor de sua família.

Sara fazia questão de comprar o que havia de melhor para montar o quarto e o enxoval de sua pequena Jaqueline. Quando a gestação estava no final, Sara teve uma crise de eclampsia e foi internada às pressas na maternidade. Passou por uma cesariana de emergência, mas o quadro dela se complicou. Mesmo tendo os melhores médicos e o mais moderno hospital à sua disposição, Sara não resistiu ao parto, sua pressão arterial subiu e ela faleceu na sala de cirurgia. A bebê nasceu com uma grave síndrome, e seria difícil sobreviver aos primeiros dias na UTI neonatal.

Rafael aguardava na sala de espera da maternidade por notícias, não foi permitido que ele acompanhasse o parto pelo estado crítico em que Sara deu entrada no hospital. Era madrugada. Ele estava sozinho, caminhando de um lado para o outro da sala. Às vezes, em seu temor, se ajoelhava e orava como havia aprendido na infância. Desejou que sua mãe estivesse ali com ele, mas ela estava em Juiz de Fora e não fora avisada de que o filho estava de volta ao Brasil. Rafael estava desesperado, temia perder sua amada Sara.

Duas horas mais tarde, o obstetra acompanhado do cardiologista, entrou na sala de espera, Rafael parou de caminhar de um lado para o outro e ficou diante dos médicos, esperando boas notícias. Mas não foi o que recebeu deles.

O obstetra comunicou o óbito de Sara. Usou palavras ternas na tentativa de acalmar Rafael, os médicos permitiram que ele visitasse sua pequena Jaqueline. Ela estava na incubadora, havia aparelhos ligados ao seu frágil e pequeno corpo. Rafael chorou copiosamente diante da filha, naquele momento se revoltou, desejando que ela não tivesse nascido, trocaria Jaqueline pela vida de Sara. Culpou a criança pela morte da mãe, sentiu por ela verdadeiro asco e deixou a UTI neonatal o mais rápido que pôde.

O corpo de Sara estava sendo preparado no necrotério do hospital, para o velório e o sepultamento, quando Rafael chegou ao local. Ele entrou na sala desesperado, e um grito escapou do fundo de seu peito. Sara, Sara, gritava ele.

Diante do corpo gelado dela, ele chamava:

— Volta, amor, eu não sei viver sem você, volta... Não me deixe, Sara. Ela precisa de você, eu preciso de você! Volte, não nos abandone... Não sei o que fazer com ela...

Foram necessários dois enfermeiros para que Rafael soltasse o corpo de Sara.

Ele tomou um calmante, e foi levado para o quarto que sua esposa havia reservado para ficar com a filha. Ele adormeceu sob efeito de remédios, protestava por ocupar o leito que seria de Sara. Seu estado e suas palavras emocionaram a equipe de enfermeiros que estava por perto. Era preciso encontrar alguém da família de Rafael para se responsabilizar por ele e tomar as decisões mais urgentes.

Um dos enfermeiros procurou entre os pertences pessoais de Rafael por algum telefone, de um amigo ou parente, encontrou na agenda do celular o nome Lurdinha, entre tantos outros nomes, comparando ao RG do rapaz, verificou que talvez se tratasse da mãe de Rafael.

Danilo, o enfermeiro, ligou para a cidade de Juiz de Fora. Do outro lado da linha atendeu uma mulher com voz cansada, parecia que estava dormindo pelo adiantado da hora. E Danilo perguntou:

— Quero falar com Lurdes, aqui é da parte de Rafael Lemos.

— Quem fala?

— Sou um enfermeiro de uma maternidade em São Paulo, por favor, identifique-se, é a senhora Lurdes, mãe de Rafael Lemos?

— Sim, sou eu. O que aconteceu com meu filho? O que ele faz em São Paulo? Meu filho vive em Nova Iorque.

— Seu filho está em São Paulo, a mulher dele deu à luz e faleceu em seguida. Rafael precisa da ajuda dos familiares, ele está sofrendo com a morte da esposa.

— Deve ser um engano, meu filho me deixou há muitos anos, esse Rafael é um homem casado e vive em São Paulo. Meu Rafael vive nos Estados Unidos.

— Senhora, encontrei esse número na agenda do celular de Rafael, ele precisa de ajuda, pode comparecer ao hospital pela manhã?

— Sem ter certeza de que se trata de meu filho... Não posso deixar minha cidade, estou distante daí. Diga-me, qual a aparência desse moço?

— Enviarei uma foto. Espere um instante.

Danilo se aproximou de Rafael, que estava dormindo no leito, o fotografou com a câmera do celular, e logo depois enviou a imagem para a mulher que estava do outro lado da linha.

Ao olhar a foto, Lurdes reconheceu seu filho, ele estava mais velho, mas era ele. Não compreendeu o que estava acontecendo, por que Rafael não avisou que havia se casado ou que estava de volta ao Brasil? Será que realmente era ele? Finalizou a ligação, não sem antes pedir ao enfermeiro que ligasse após alguns minutos.

Lurdes chamou uma vizinha para ajudá-la a confirmar se o rapaz da foto era realmente seu filho. Rosa ampliou a imagem e viu que aquele moço se parecia com Rafael, que ela conhecia desde criança.

— Arrume suas malas, esse moço se parece muito com Rafael.

— Mas, o que esse menino está fazendo em São Paulo? Ele estava vivendo nos Estados Unidos. Como retornou e por quê?

— Não sei as respostas, Lurdinha, ele se parece muito com seu filho, melhor pegar o ônibus para São Paulo.

— Estou sem dinheiro para viajar, e se for um engano? Pode ser alguém querendo dinheiro!

— A pessoa que ligou exigiu dinheiro?

— Não, quer que eu siga para São Paulo para ajudar esse moço. Não falou em dinheiro.

— Vale a pena fazer essa viagem, e se for seu filho e você o deixou sem ajuda?

— E se não for? Não sei o que fazer. E também não tenho dinheiro para pegar o ônibus na rodoviária.

— Falarei com meu marido, lhe arrumo um dinheiro emprestado para essa emergência. Não pode ficar aqui nessa aflição, sem saber o que está acontecendo com Rafael.

—Tem razão, não posso ignorar essa situação. Meu coração está apertado no peito, Rosa. Agradeço por tudo, neste momento de minha vida que sou uma mulher sozinha, ah, se meu Luiz estivesse aqui comigo!

— Ele está, Lurdinha, de alguma forma deve olhar por você lá de cima. Dizem que quem morre continua vivo do outro lado.

— Meu amado Luiz, me ajude nesse momento de necessidade.

— Não peça ajuda a ele, é melhor pedir para Deus ou aos santos. Deixe seu marido descansar em paz. Não o chame para este lado.

— Não estou chamando para que volte, só pedi ajuda. Tem razão, é melhor pedir para o santo de minha devoção, São Judas, que me ajude, que tudo dê certo nesta viagem e meu Rafael não esteja tão mal.

O celular de Lurdes tocou novamente e ela atendeu rapidamente, Danilo perguntou do outro lado da linha:

— A senhora quer o endereço do hospital, dona Lurdes?

— Sim, por favor, mesmo sem ter certeza de que esse moço seja meu filho, eu irei até vocês, segure-o no hospital ou perderei contato novamente com Rafael. Espero que seja realmente meu filho. Pode dizer o que está acontecendo com ele?

— Como disse, ele perdeu a mulher e sua filha nasceu com uma doença rara, incurável. Não temos ninguém para assinar a internação de seu filho, a pressão dele está alta e seu coração acelerado.

— Deus! Ele está bem agora?

— Está dormindo, foi medicado após uma crise nervosa, que teve no necrotério do hospital.

— Estou providenciando a passagem de ônibus para São Paulo, chegarei por volta das sete da manhã à cidade.

— O hospital agradece sua colaboração, senhora Lurdes, a aguardamos pela manhã, faça uma boa viagem.

— Obrigada.

Lurdes pegou o dinheiro que Rosa emprestou. Carlos, o marido de Rosa, levou Lurdes até a rodoviária com seu carro.

Capítulo 3

Lurdes chegou ao luxuoso hospital e maternidade, em São Paulo, tímida por estar vestida de forma simples. Ao aproximar-se do balcão de atendimento, anunciou que era a mãe de Rafael Lemos, e foi recebida com toda a atenção pela atendente.

— A senhora acompanhe uma de nossas atendentes ao terceiro andar, na maternidade, Rafael Lemos continua sedado. Seu filho se descontrolou e tomamos algumas providências para detê-lo.

— Compreendo.

***

Lurdes entrou no quarto e puxou o lençol que cobria parte do rosto do paciente. Olhando para ele, ficou penalizada, realmente aquele jovem era Rafael. Reencontrava o filho depois de tantos anos, havia perdido contato com ele, depois que ele deixou o Brasil ainda muito jovem. O que Lurdes observava agora era um homem e não mais um menino de quem ela havia se despedido na rodoviária da cidade.

Ela passou a mão sobre a testa dele e acariciou seus cabelos delicadamente e disse baixinho, próximo ao seu ouvido:

— Acorde, filho, estou aqui, tudo ficará bem.

Rafael abriu os olhos e apertou a mão de Lurdes que segurava a sua. Ele olhou nos olhos dela e por um instante sentiu que o tempo não passou, desejou ser ainda um menino e deixar que ela resolvesse todos os problemas. Ele passou a mão pelo rosto tentando despertar e sair daquele pesadelo que vivia. E lamentou:

— Mãe, diga que estou em casa e nada de ruim aconteceu em minha vida.

— Filho, é preciso ser forte, você não é mais uma criança. Estou aqui para lhe dar apoio, quanta saudade!

— Leve-me para casa, mãe.

— Iremos depois que sua filha tiver alta do hospital, voltaremos para casa, se você desejar.

— Não quero essa criança! Quero Sara de volta, mãe. Traga Sara de volta.

— Não faça isso com você, Rafael, Sara não o deixou por vontade própria, não pode ser fraco agora, sua filha precisa do pai!

— Ela matou minha mulher! Não quero essa criança! A culpa é dela por Sara estar morta!

— Não fale bobagens! Não pode acusá-la! Deus é quem determina a nossa hora, Ele chamou por Sara. A criança não tem culpa de nada, ela precisa de seu amor e seus cuidados.

— Eu quero morrer e ser enterrado ao lado de Sara. Não quero ser pai de ninguém! Leve essa criança a um orfanato ou cuide dela.

— Rafael! Chega de falar tolices, levante desta cama, tome um banho e vamos cuidar do sepultamento de Sara. O médico disse que sua pressão arterial está controlada. Vamos, temos muito para fazer antes que o dia termine. Não deixei Juiz de Fora na madrugada para ficar aqui olhando para você deitado nesta cama.

Rafael conhecia bem a teimosia de Lurdes, se ela disse para se levantar e tomar um banho, era melhor obedecê-la. Talvez tenha sido essa tendência à obediência que o trouxe de volta ao Brasil. Não conseguia contrariar uma ordem feminina quando partia de quem ele amava. Com Sara não foi diferente, ela falava e Rafael cedia a todos os seus caprichos. Muitas vezes, ela desejou que ele fosse mais firme.

Rafael se levantou com a ajuda de uma enfermeira que mediu sua pressão arterial, Lurdes o acompanhou até o banheiro, ajudou-o a tirar a roupa e ele entrou debaixo do chuveiro, e ela ajustou a temperatura como fazia quando ele ainda era adolescente.

***

No final da tarde, após uma curta cerimônia na capela do cemitério, Sara foi enterrada em um jazigo, que a empresa, na qual ela trabalhava, concedeu. Foi oferecido o translado do corpo de Sara para o Colorado, mas não havia mais ninguém para recebê-la em sua cidadezinha natal, o pai havia se casado novamente e se mudado para Denver, raramente visitava a filha em Nova Iorque. A tia, que criou Sara, havia morrido em um acidente e não tinha deixado descendentes. Lurdes desejou levar o corpo da esposa de seu único filho para Juiz de Fora, mas era preciso ficar em São Paulo até que a pequena Jaqueline tivesse alta do hospital.

Rafael recebeu as condolências de muitos amigos da empresa que Sara trabalhava. Em seguida, seu corpo foi levado à sepultura, encerrando assim a tarde triste de um dia quente em São Paulo.

Rafael queria voltar para seu apartamento, mas Lurdes fez questão de conhecer a neta na UTI do hospital. Lá, ela soube sobre a síndrome de Ebstein que Jaqueline era portadora. O pediatra afirmava que seu coração não era uma máquina com grande capacidade, era preciso uma cirurgia para reparar a válvula, mas Jaqueline era uma criança fraca por ter nascido prematura. Era preciso ficar algum tempo na incubadora para ganhar peso, os médicos temiam que ela não suportasse.

Lurdes se aproximou da incubadora, e através da luva de borracha, tocou na pequena mãozinha de sua neta. Rafael estava ao seu lado e não desejava tocar na criança. Em dado momento, Jaqueline segurou o dedo da avó apertando-o.

— Veja, filho, nossa Jaqueline tem força, não a abandone, ela precisa de você. Sara não ficará feliz vendo-o menosprezar o fruto do amor dos dois. Jaqueline é tudo que sobrou de Sara.

Rafael lentamente colocou a mão dentro da luva e tocou em Jaqueline. Naquele instante, sentiu algo forte, como se descobrisse que a pequena precisava de seus cuidados. A dependência da criança e sua fragilidade mexeram com o sentimento de Rafael.

A pequena segurou em seu dedo com força e ele se comoveu.

— Mãe, obrigado.

— Eu quero que você fique bem, o ajudarei a cuidar dela, afinal somos apenas nós três, formamos esta pequena família. Sara tinha parentes nos Estados Unidos?

— O pai, ele se casou novamente depois que a mãe dela morreu e deixou a pequena cidade em que vivia. Sara tem duas meias-irmãs, mas não tinha muito contato com elas.

— Então somos apenas nós: eu, você e Jaqueline. Belo nome, filho, Sara o escolheu?

— Sim, teve uma amiga na universidade com esse nome. Deu à nossa filha por achar lindo e de boa sonoridade.

— Por que vieram para o Brasil?

— Ela queria que Jaqueline nascesse aqui, desejou que a filha fosse brasileira como sua mãe.

— Devia ter me avisado que havia retornado ao nosso país, não acreditei quando me ligaram do hospital dizendo que você precisava de minha ajuda.

— Iria visitá-la depois que Jaqueline e Sara estivessem bem, queria muito lhe apresentar minha família. Mas por que nossos planos agradáveis se transformaram em pesadelo? Sara não podia ter me deixado!

— Aceite a realidade, nada adiantará se revoltar com os fatos ocorridos, Sara não voltará. E creia, Jaqueline precisa de você. Olhe como ela é indefesa, tão pequena e frágil. Não renegue o presente que a vida lhe deu. Aceite-o e cuide com carinho.

O espírito de Sara estava ao lado de Lurdes tentando se comunicar com Rafael, se desesperou quando o ouviu culpar a filha por sua morte, ela não se sentia morta, estava ali e queria gritar que se sentia viva. Sara ficou furiosa com a reação do marido de rejeitar sua filha.

Ela assistiu ao seu sepultamento, quando se negou a seguir com o grupo socorrista que a convidou para outra dimensão. Sara não desejava abandonar Jaqueline e Rafael. Sentia-se angustiada com toda aquela situação, as palavras de Lurdes a consolavam, quando percebeu que ela conseguia despertar em Rafael o amor paterno.

Era tarde da noite, quando Lurdes se lembrou de ligar para Rosa e avisar que estava tudo bem, e que o moço da foto era Rafael. As duas ficaram conversando por meia hora depois que Rafael dormiu, Lurdes estava no quarto de hóspedes, no luxuoso apartamento do casal.

— Ele está bem de vida, é formado e tem um emprego que paga bem, ficarei aqui para cuidar de minha neta. Cuide de minha casa, por favor, Rosa.

— Cuidarei de tudo, não se preocupe. Já que ficará fora um bom tempo, posso tirar de sua casa os alimentos de sua geladeira, penso que seria melhor deixá-la desligada, assim economizará na conta de energia.

— Pegue tudo, não deixe nada estragar, não gosto de desperdícios. Ficarei aqui e não sei quando volto para casa. Regue minhas plantinhas, os vasos que estão dentro da casa leve para a sua. Agora preciso dormir um pouco, estou muito cansada da viagem e do dia pesado que tive nessa cidade agitada. Boa noite, Rosa e obrigada.

Rosa se despediu com carinho da amiga e vizinha. Lurdes pegou no sono rapidamente pelo cansaço.

Capítulo 4

Sara se deitou ao lado de Rafael no confortável quarto do casal. Ela tentou abraçá-lo dizendo que estava ao seu lado. Rafael sentiu um suave toque em suas costas, sentiu a presença de Sara. Ela falou ao seu ouvido:

— Estou aqui, amor. Ajude-me! Não abandone nossa filha, estarei com você sempre! Por que não escuta minha voz? Amor! Estou aqui, preciso de sua atenção! O que está acontecendo com você?

Rafael virou-se na cama e Sara colou seu rosto no dele, beijando seus lábios. Ele sentiu como se algo houvesse tocado em sua boca, e passou a ponta dos dedos para descobrir o que era. De repente, Rafael sentiu uma forte vontade de chorar, e deixou as lágrimas rolarem livremente.

Sara, agarrada a ele, chorava compulsivamente e Rafael registrava sua tristeza como sendo sua, somando ao seu estado depressivo.

Lurdes, de seu quarto, escutou seu filho soluçar em um choro descontrolado. Esperou para ver se ele se acalmava e adormecia, mas Rafael não interrompia o choro triste, o som era abafado pelo travesseiro. Lurdes depois de meia hora bateu na porta do quarto do filho, esperando ser convidada a entrar, mas não houve resposta e ela, depois de esperar alguns minutos, abriu a porta e entrou. Acendeu a luz e ficou ainda mais penalizada com o estado lastimável que encontrou seu filho sobre a cama.

Rafael estava com o corpo curvado agarrado ao travesseiro, que comprimia seu rosto. Lurdes tocou nas costas do filho para que ele mudasse de posição. Ela falou carinhosamente:

— Respire fundo, filho, e solte o ar devagar, essa crise passará. Estou aqui com você, respire e solte. Tente se controlar, não é o primeiro a perder alguém que ama. Sei que dói muito, mas não se entregue à tristeza dessa forma. Isso não trará Sara de volta.

— Ela está aqui, mãe! Sinto sua presença. Sara está aqui e pede minha ajuda, não sei o que fazer.

Lurdes se assustou ao ouvir as afirmações de Rafael. Ela segurava seu terço na mão e começou a orar palavras repetidas em voz alta.

— Ore comigo, filho, precisamos ajudar o espírito dela a encontrar seu lugar. Ela não pode ficar ao seu lado, veja seu estado, o desespero é dela, não seu.

Rafael tentou se acalmar, sentou-se na cama passando a mão sobre o rosto molhado de lágrimas. Lurdes lhe serviu um copo de água e entregou uma toalha que trouxera do banheiro. Rafael secou o rosto e perguntou:

— Como podemos ajudar Sara? Sinto que ela precisa de ajuda.

— Não sei como lidar com essa situação, sou uma mulher de fé, mas não tenho conhecimento nessa área espiritual. Também sinto a presença de Sara neste apartamento, desde o momento que entrei aqui. Ela está desesperada, diga que cuidará bem da filha dos dois, para ela não se preocupar, procuraremos ajuda em um centro espírita para ela. Ore comigo, filho, e diga a Sara para fazer o mesmo e se acalmar.

Sara registrava as palavras de Lurdes e tentava ficar mais calma, o sotaque mineiro de Lurdes fazia Sara se lembrar da forma agradável que a mãe falava. A jovem pensou naquele instante: "Se estou morta por que não me encontrei com minha mãe? Por que ela não veio me resgatar? Onde você está, mãe?"

Sara olhava rapidamente em todas as direções do quarto esperando que Vanessa a encontrasse e a consolasse. E não ouve resposta do lado espiritual, continuou abraçada ao corpo de Rafael e se acalmou com a energia que Lurdes lançou sobre o filho, enquanto estava elevando seu pensamento a Deus em forma de oração.

Sara se reclinou sobre o peito do marido e fechou os olhos, Lurdes puxou o edredom cobrindo Rafael, que estava deitado com o corpo mais relaxado. Ela beijou sua fronte e acariciou seus cabelos loiros.

— Está melhor, filho?

— Estou, mas ainda sinto a presença de Sara aqui. Quero ajudá-la de alguma forma. Sinto que ela está com medo.

— Deve ser natural para quem morre sentir medo, é o desconhecido que ela enfrenta. Gostaria de tê-la conhecido, Sara era uma mulher frágil?

— Era forte em suas decisões, mas possuía um lado frágil. Sara era doce e encantadora. Muito inteligente e perspicaz, não era uma mulher medrosa e dependente, ao contrário, às vezes, eu dependia dela. Minha amada Sara tinha presença de espírito e resolvia as situações com equilíbrio e eficiência. As americanas são mulheres que foram criadas de maneira diferente das brasileiras. Desde a primeira infância, são estimuladas à independência, o que as torna livres e fortes. Sara deixou a cidade que nasceu para estudar em Nova Iorque. Aos dezessete anos, sustentava sozinha seu apartamento. Os americanos são incentivados a deixarem a casa dos pais cedo e a procurar seu lugar no mundo.

— Realmente a criação parece ser diferente da nossa, filho. Encontraremos uma forma de ajudá-la, diga a ela que não a deixaremos sozinha. Fale para Sara ficar aqui até se sentir segura para deixá-lo. Melhor ela ficar aqui até encontrarmos uma maneira eficiente de ajudá-la.

— Quero que Sara fique ao meu lado para sempre! Não estou pronto para dizer adeus, meu amor pertence a ela.

— Viveram uma linda história de amor, querido, mas deve se lembrar de que tudo nesta vida é passageiro, as pessoas chegam e partem de nossas vidas. Dizem que as pessoas que se amam verdadeiramente se reencontram do outro lado. A separação é temporária. O amor continua forte do outro lado, é o que dizem.

— A senhora está sozinha até hoje, por que respeita a memória de meu pai? Espera encontrá-lo do outro lado da vida?

— Seu pai morreu há mais de quinze anos, foi um bom marido enquanto estivemos juntos, não sei se nosso amor era tão forte assim para ter continuidade depois da morte. Eu e Luiz éramos um casal banal, após quinze anos, o tempo conseguiu apagar o amor que um dia brotou em meu coração, não sinto falta ou saudade dele, é estranho o que o tempo faz com o sentimento que um dia foi intenso.

— Não conseguirei apagar Sara de minha vida como ocorreu com a senhora em relação a papai. Nosso amor é muito grande.

— Também pensava assim, querido. Mas não vamos comparar as situações que vivemos, que aconteça como o poeta um dia escreveu "Que seja infinito enquanto dure". Melhor descansar um pouco, amanhã temos que levar mais roupinhas para Jaqueline no hospital. Quero estar lá bem cedinho.

— Havia me esquecido de como gosta de acordar cedo, mãe. Estou melhor, volte para seu quarto, penso que todos precisamos dormir um pouco. Obrigado, suas orações conseguiram acalmar meu coração.

— Se precisar, basta chamar, fique em paz. E, Sara, também descanse em paz essa noite, vamos resolver todos os problemas. Logo Jaqueline estará cheia de saúde conosco.

— Boas falas, mãe, boa noite.

— Boa noite.

Lurdes deixou o quarto de Rafael e seu coração estava leve depois que percebeu que seu filho estava mais calmo. Ela entrou em seu quarto e rapidamente adormeceu. Teve sonhos estranhos e despertou antes que o sol nascesse, recordou-se de uma pequena parte do sonho e ficou curiosa para fazer perguntas sobre Sara e sua família para Rafael. Ela sentia que havia algo estranho no ar a respeito daquele assunto.

Foi até a cozinha para preparar o café da manhã e se deparou com a mesa posta com capricho, havia bolos e muitas frutas. Logo, ouviu uma voz feminina cantarolar na área de serviço. Foi até lá um pouco assustada pensando ser a voz de um fantasma.

Genise colocava as roupas sujas na máquina de lavar. E cantarolava canções populares. Ao se deparar com Lurdes, soltou um gritinho de susto. Lurdes sentiu o coração bater acelerado pela adrenalina que seu corpo liberou. E perguntou:

— Quem é você?

— Sou Genise, a empregada de dona Sara. E, você, é a babá que ela contratou para cuidar da bebê?

— Não, sou a avó da bebê. Sou Lurdes, cheguei ontem de Juiz de Fora.

— Gostoso ouvir seu sotaque mineiro. Como vai, dona Lurdes? A patroa está bem lá na maternidade? E o bebê, é realmente uma menina?

— Sim, é uma menininha linda, quanto a Sara, não tenho boas notícias...

— O que aconteceu? Espero que dona Sara supere logo se ocorreu algo de errado em seu parto. Eu estava sentindo uma energia estranha quando me aproximava dela. Diga, o que aconteceu com minha patroa?

— Sara teve uma crise de eclampsia e não resistiu...

—Valha-me Deus! Dona Lurdes, não me diga que dona Sara morreu!

Lurdes confirmou com a cabeça. Genise largou a tampa da máquina e se abaixou no chão, suas pernas não suportaram ficar em pé depois da triste notícia, que a pegou de surpresa. Lurdes correu para pegar um pouco de água fresca para que a mulher se refizesse do susto. Lurdes ajudou Genise a chegar até a cozinha para se sentar em uma cadeira.

Genise tinha a pele morena e Lurdes se assustou com a palidez de seu rosto, suas mãos tremiam e o suor escorria por seu corpo. Lurdes ligou o ventilador na esperança de que a empregada se refizesse. E disse:

— Desculpe, eu não pretendia deixá-la neste estado. Sara era uma boa patroa para você?

— Dona Sara foi a melhor patroa que tive nesta vida, não me conformo! Ela não poderia ter morrido dessa forma! O que será dessa criança...? Seu Rafael deve estar inconformado! Precisava ver como era bonito vê-los juntos, era tanto amor que unia os dois. Que pena, meu Deus! Que pena!

— Não chore, Genise, Rafael realmente está muito triste. Tivemos uma noite difícil. Não chore perto dele, pode deixá-lo ainda mais arrasado com tudo isso. Sei que precisa colocar para fora sua tristeza, volte para casa hoje, está de folga. Amanhã estaremos todos mais refeitos e você retornará ao trabalho.

— Não posso voltar para casa hoje, não tenho a chave e ficaria na rua, minha mãe saiu para trabalhar cedo e só ela tem a chave de casa.

— Tudo bem, então fique descansando em seu quartinho hoje. Fará bem a você esse descanso, às vezes, é bom relaxar quando estamos chocados e inconformados.

— Dona Lurdes, a senhora é a mãe do patrão?

— Sou.

— Pretendem deixar a cidade? Ficarei sem emprego?

— Não creio que Rafael queira dispensá-la, é cedo para dizer o que ele fará, propus a meu filho para depois que a bebê tiver alta do hospital, ele passe um tempo em Juiz de Fora comigo. Não sei o que ele resolverá. É cedo para tomar decisões. Mas não se preocupe, não será demitida sem um aviso antecipado. Eu mesma cuidarei desse assunto.

— Obrigada, temo perder esse emprego, deixei a casa de bons patrões para atender dona Sara neste apartamento. Preciso do emprego, vivo com o salário que recebo.

— Relaxe, tudo ficará bem. Descanse por hoje, vamos para o hospital, preciso levar algumas roupinhas para Jaqueline. Mesmo na UTI, dentro de uma incubadora, ela precisa usar roupinhas confortáveis.

— Vou separar uma bolsa com as roupinhas da pequena Jaqueline. O quarto da bebê estava todo decorado para recebê-la com carinho. Meu Deus, que pena!

— Jaqueline em breve ocupará seu quarto, apesar do problema de saúde dela, tenho certeza de que virá para casa. Deixe tudo limpinho, não sabemos quando ela terá alta.

— Deixarei tudo em perfeita ordem, dona Lurdes. A senhora será minha patroa agora?

Naquele instante, Rafael chegou à copa e respondeu a pergunta da empregada.

— Ela lhe instruirá quanto ao serviço neste apartamento, quero que realize seu trabalho como Sara havia orientado, mamãe precisa aprovar como Sara fazia.

— Não se preocupe, senhor Rafael, eu cuidarei de tudo com carinho, como sempre fiz para dona Sara. Sinto muito por sua morte.

— Eu também sinto, Genise, eu sinto...

— Filho, se apresse, tome seu café. Genise, pegue a bolsa com as roupinhas de Jaqueline no quarto. Depois pode descansar o resto do dia, passaremos o dia fora, voltaremos à noite após o jantar, não é, filho?

— Como desejar, mãe.

Lurdes após terminar seu café, foi até o quarto da bebê onde Genise terminava de colocar as roupinhas na bolsa infantil. Lurdes perguntou a ela:

— Conhece algum centro espírita dos bons por aqui?

— Conheço o centro de atendimento espiritualista da senhora Sonia Tavares. É um lugar com um trabalho muito sério, a empregada do andar de baixo contou que a patroa dela frequenta o centro e disse maravilhas sobre o lugar. Se quiser, pego o endereço para a senhora.

— Faça esse favor, Genise, creio que Sara continua entre nós, ontem sentimos sua presença no quarto do casal.

—Se é assim, dona Sara precisa urgente de ajuda, vou agora mesmo pegar o endereço do centro espiritualista.

Dez minutos depois, Genise retornou para o apartamento e entregou um pedaço de papel para Lurdes, que estava esperando o elevador social com Rafael no *hall* de entrada.

— Aqui está o que me pediu, dona Lurdes, boa sorte por lá. Tenham um bom dia.

— Obrigada.

O elevador chegou, ao entrarem, Rafael perguntou:

— O que ela lhe entregou, mãe?

— O endereço de um bom centro espiritualista.

— Graças a Deus, poderemos ajudar Sara. Seguiremos para lá depois de nossos afazeres, quero registrar o nascimento de minha filha no cartório o quanto antes.

Capítulo 5

Rafael e a mãe entraram na maternidade e seguiram direto para a UTI pediátrica, ficaram diante de um grande vidro que isolava a sala e não encontraram a incubadora que Jaqueline ocupava. Rafael se desesperou, imaginando que o pior havia ocorrido. Lurdes tentou acalmá-lo dizendo:

— Quem sabe ela não foi transferida para o berçário lá embaixo. Não fique assim, filho, vamos nos informar sobre o paradeiro de Jaqueline.

Lurdes interpelou a primeira enfermeira que passou por eles, questionado sobre a bebê de Sara. Ela estava ao lado de Rafael e aguardava ansiosa pela resposta.

— Tenho ordens para que os familiares da criança sejam levados à diretoria do hospital. São parentes de Sara Hill?

— Sim, eu era sua sogra, esse é meu filho Rafael. Pai de Jaqueline.

— Por favor, sigam-me até o térreo, o diretor do hospital deseja falar com vocês.

Rafael estava com o coração apertado temendo uma notícia trágica. Sara sentia o mesmo e os dois somavam as preocupações, o que trazia grande desconforto para Rafael.

Entraram no elevador e pareceu aos dois que a descida demorou uma eternidade. A enfermeira caminhou rápido entre muitos corredores, até que chegou a um conjunto de salas elegantes. A recepcionista foi informada sobre o caso que os trouxe até ali e disse, levantando-se de sua cadeira estofada, que combinava com a decoração da sala.

— Aguardem um instante, verei se o diretor do hospital pode atendê-los.

A enfermeira deixou a sala da diretoria e Lurdes sentiu que teriam problemas pela frente. Os olhares da enfermeira e da atendente estavam estranhos, quando se cruzaram. Ela sentia algo no ar, como se uma bomba fosse explodir a qualquer momento.

A recepcionista retornou e disse:

— O diretor do hospital atenderá o senhor Rafael em cinco minutos.

— Não suporto mais esperar! Pode adiantar do que se trata essa conversa? Onde está minha neta Jaqueline?

— Desculpe, senhora, não tenho as informações que me solicita, por favor, mantenha a calma e aguardem meu superior.

Lurdes sentou-se no confortável sofá e segurou a mão de Rafael, que não conseguia falar por seu coração bater descompassado. Lurdes olhou para o rosto do filho e se penalizou com a expressão de quem desfaleceria a qualquer momento.

— Força, filho! Tenho certeza de que transferiram nossa pequena para um quarto ou coisa parecida, ela está bem e estaremos ao seu lado em seguida.

— Mãe, tem algo errado, eu sinto.

— Calma, filho, você tem que ser forte. Tudo será esclarecido.

O telefone tocou e a recepcionista convidou os dois para entrarem na sala do diretor.

Rafael se levantou com a ajuda da mãe, que também carregava a bolsa com as roupinhas da neta. A porta se abriu e o diretor autorizou a entrada dos dois. Cumprimentou-os cordialmente e indicou as cadeiras em frente à sua mesa.

— Senhor, onde está minha filha? O que está acontecendo?

— A bebê foi transferida da UTI neonatal para uma incubadora no berçário da maternidade. Seu estado é regular diante da síndrome de que é portadora. Mandei chamá-los aqui para resolvermos algumas pendências financeiras que não foram cobertas pelo convênio que sua mulher mantinha como funcionária da empresa internacional que atua no Brasil. Sua filha realizou exames, que são pedidos pelos médicos em último caso, descobrimos que o convênio cancelou o pagamento depois que Sara faleceu. Eu sinto muito por esse transtorno, para que a dívida não aumentasse drasticamente, a bebê foi transferida para o berçário, recebendo tratamento similar ao da UTI neonatal.

— Não compreendo, o convênio cancelou o contrato com a empresa em que Sara trabalhava?

— Cancelou para Sara, assim que constatou o óbito da segurada. Consta uma dívida de um valor considerável para ser paga pelo senhor.

Naquele momento, o diretor entregou a fatura para ser paga imediatamente por Rafael. E explicou:

— Cada dia que sua filha permanece neste hospital, esse valor dobra e sua dívida cresce. O senhor tem condições de arcar com essas despesas?

— Compraria dois carros de luxo por esse valor. Vocês estão loucos? Não tenho como pagar essa quantia.

— Tenho uma sugestão para a família, tire a bebê do hospital e a interne em um público. Neste momento estamos ligando para todos os hospitais procurando uma vaga na UTI neonatal para a sua filha. Creia, a dívida com esta instituição está crescendo a cada segundo que ela permanece no berçário.

— Isso é injusto. São movidos somente pelo dinheiro! A saúde de Jaqueline deveria ser primordial para vocês! Se ela morrer, vamos processar esse hospital por negligência.

— Perderia o processo, a bebê recebe atendimento médico e todos os recursos que temos disponíveis neste hospital para manter estável sua saúde. Mas isso tem um preço que precisa ser pago. De onde eu venho, senhora, o dinheiro é a mola que impulsiona o mundo. Não resolve ficar na fantasia poética que todos têm os mesmos direitos, se não tem o poder do mundo nas mãos, o dinheiro. As portas não se abrem, isso é fato.

— Mãe, fique calma, pagarei o que devo, depois, encontraremos um hospital que aceite cuidar de Jaqueline. Agradeço sua ajuda em providenciar um hospital para minha filha. Tenho como parcelar essa dívida?

— Não, neste caso, não aceitamos negociar dessa forma. É uma quantia alta. Sugiro que venda um imóvel para quitar a dívida.

— Vender! Não tenho um imóvel. Temos um carro popular que comprei para trabalhar, o carro e o apartamento que moramos pertencem à empresa que Sara trabalhava.

— Sugiro que converse com os empregadores de Sara. Peça ajuda a eles para que o convênio cubra essa despesa.

— Obrigado, farei isso.

Rafael se levantou e Lurdes fez o mesmo, deixando a sala do diretor. A recepcionista os encaminhou para o setor da maternidade que buscava a transferência de Jaqueline para um hospital público. Eles caminharam por intermináveis corredores até encontrarem a sala. Foram anunciados para a secretária da assistente social e aguardaram serem chamados novamente.

Vinte minutos depois, são chamados na sala dela, Silvana, a assistente social, os convida a sentar-se e lhes oferece um cafezinho.

— Não, obrigado. Estou nervoso, ficarei mais agitado se tomar café. Tem alguma novidade sobre o caso de minha filha Jaqueline?

— Tenho, estou procurando uma vaga para ela desde ontem à noite, liguei para todos os hospitais deste estado. Mas, infelizmente, nada encontrei, então tive a ideia de procurar em outras capitais, e assim tive sorte com os mineiros. Temos uma vaga esperando sua filha em um hospital especializado na enfermidade que a bebê apresenta, em Belo Horizonte, sinto que seja tão longe, mas não encontrei outro que a recebesse em São Paulo.

— Meu Deus, é tão longe, o que vamos fazer, meu filho?

— Vamos para Belo Horizonte, mãe. Como será transportada minha pequena Jaqueline?

— O ideal seria que fosse utilizado um helicóptero para essa transferência, mas não temos como disponibilizar esse recurso sem pagar uma vultosa quantia, consegui uma ambulância que possui a incubadora neonatal de que precisamos. Amanhã, às cinco horas, o veículo estará aqui para fazer o transporte da bebê. Posso confirmar o pedido a eles?

— Sim, amanhã sairemos bem cedo, mamãe irá com Jaqueline na ambulância e eu as acompanho de carro. Tenho muitas providências para tomar. Posso ver minha filha agora?

— Sim, siga por esse corredor e pegue o elevador para o terceiro andar, lá, se informe sobre a localidade do berçário.

***

No berçário, Rafael diante de tantos berços ocupados por belas crianças, procurava por sua filha, Lurdes fez o mesmo e não encontraram Jaqueline.

— Ela não está aqui, filho! Onde está nossa pequena Jaqueline?

— Não sei, mãe, passei os olhos por todos os berços e não encontrei minha filha, as crianças aqui são grandes e saudáveis. Como gostaria que Jaque fosse como elas, e minha Sara estivesse ocupando um desses quartos neste andar.

— Você não teve essa bênção, filho, mas, não desanime, precisamos encontrar Jaqueline.

— Perguntarei para a enfermeira.

Rafael bateu no vidro para chamar a atenção da enfermeira que banhava as crianças, de costas para eles. Ela se virou e ele perguntou por Jaqueline. A moça não compreendeu o que ele falou através do vidro, fez sinal para uma colega de trabalho, que deixou o berçário para atendê-lo.

— Bom dia, senhor, em que posso ajudar?

— Bom dia. Procuro minha filha Jaqueline, onde ela está?

— As crianças estão sendo levadas para mamar, se não a encontrou talvez esteja no quarto com a mãe.

Os olhos de Rafael marejaram e ele precisou enxugá-los com um lenço que retirou do bolso, Lurdes respirou fundo e explicou a situação para a atendente do berçário, ela pediu desculpas e retornou ao local para se informar melhor. Um minuto depois, ela voltou e convidou Rafael e Lurdes para entrarem por uma porta lateral, dizendo:

— Podem fazer uma visita rápida para Jaqueline, a incubadora que ela ocupa não pode ficar em exposição no berçário, estamos tendo cuidados especiais para deixá-la confortável.

— Como ela está?

— Estável, vovó, se informou sobre a síndrome de que sua neta é portadora?

— Sim, estamos cientes do caso. Diga, há quanto tempo é enfermeira?

— Há doze anos me formei, senhor.

— Tem vasta experiência com bebês nessa idade?

— Sim, trabalho neste berçário há dez anos.

— Seja sincera comigo, qual a chance de minha filha sobreviver a essa síndrome?

— É uma doença rara, senhor, em dez anos nunca havia entrado em contato com a síndrome de Ebstein. Não tenho uma resposta para o senhor.

— Tudo bem, talvez possa responder outra questão que me consome. No estado em que ela está, qual a probabilidade que Jaque chegue com vida até o hospital em Belo Horizonte?

— São horas de viagem em uma ambulância, presumo. Trinta por cento, sendo otimista, senhor.

— Meu Deus! Filho, nossa Jaque pode não suportar a viagem até lá.

— Vovó e papai, tenham fé. Nesse momento difícil, somos amparados pelos espíritos superiores. Peçam ajuda a eles, Jaqueline é uma criança forte e luta para continuar viva, não desanimem, tenham fé.

— Obrigado, estou recorrendo a Deus, mas sinceramente nesse momento, não creio que Ele exista. Que Deus é esse que leva uma mãe e deixa uma criança sofrendo dessa forma? O que ela pode ter feito para nascer nesse sofrimento? Creio que Deus esteja me castigando por algo que não compreendo, sempre fui um cara honesto, tentei ser o melhor que pude, um bom filho, um bom marido e um pai... Deus, por que me castiga?

— Ele não o está castigando, mas está, sem dúvida, o colocando à prova. Mostre que é um bom filho e aceite o que não consegue compreender e não pode mudar. Se revoltar e perder a fé não o ajudará nesse momento.

— Ela tem razão, filho, vamos manter a fé em Deus. Precisamos ir, temos muitas providências para serem tomadas até deixarmos a cidade amanhã cedo. Obrigada pelas palavras, enfermeira, deixaremos Jaque aos seus cuidados, até amanhã, cuide bem dela.

— Sigam em paz, farei tudo que estiver ao meu alcance para deixá-la confortável e bem. Papai, não desanime, a vida, às vezes, traz forte aprendizado, seja esperto, mostre que aprendeu a lição e assim passará para a próxima etapa do desafio.

Rafael tentou dar um sorriso para agradecer as palavras da enfermeira e acabou fazendo uma careta desajeitada. Os dois deixaram o hospital.

Capítulo 6

Na rua, Lurdes ligou para Genise pedindo que arrumasse as malas para todos. Explicou o motivo da viagem urgente e desligou o celular ainda ouvindo as lamentações da moça por ficar sem emprego. Colocou o telefone na bolsa e falou para o filho, que estava entrando no carro.

— Podemos seguir para o endereço do centro espiritualista que Genise nos indicou?

—Temos que devolver o carro de Sara para a empresa, quero conversar com o chefe dela. Mãe, preciso de ajuda, não sei o que fazer para pagar a dívida com o hospital. Mesmo estando no berçário da maternidade, as despesas estão aumentando. Podemos procurar o centro depois.

— Não, filho, sinto que será melhor pedir ajuda aos espíritos superiores daquele lugar. Eles podem ajudar Jaqueline a realizar uma boa viagem. A saúde de minha neta precisa estar em primeiro lugar, e Sara, ela precisa de ajuda. Coloco-me no lugar dela como mãe, Sara está sofrendo e tem um agravante, não pode fazer nada para ajudar a filha. Vamos procurar o endereço do lugar. Pediremos ajuda e depois seguiremos com os outros afazeres imediatos até a noite cair.

— Por Sara faço qualquer coisa, mãe, vou colocar o endereço no GPS, encontraremos rapidamente o lugar. Espero que tenha alguém por lá para nos atender neste horário.

Rafael seguiu as coordenadas do aparelho e, em vinte minutos, estavam diante de um sobrado construído com arquitetura moderna, a frente era de vidro azul e o telhado era escondido atrás de uma pirâmide de vidro que descia até o chão, onde estava a porta de entrada. Grades grossas separavam a porta do portão, vasos grandes com flores delimitavam o caminho até a porta. Lurdes ficou impressionada com a beleza do lugar e comentou:

— Esse lugar deve cobrar uma fortuna para atender as pessoas. Será que Genise deu o endereço errado? É aqui mesmo?

— O endereço é esse, mãe, parece que está fechado, não tem ninguém para nos receber.

— Toque o interfone, se ninguém atender, voltamos mais tarde.

Rafael apertou o botão, e uma voz feminina respondeu pelo aparelho.

— Pois não. O que desejam?

— Preciso de ajuda espiritual, estou com graves problemas.

— Não atendemos sem consulta marcada, pode adiantar qual o assunto que os traz aqui?

— Tenho uma criança recém-nascida muito doente, no hospital.

— Entre, senhor. Sonia Tavares atenderá os dois abrindo uma exceção em sua agenda.

O portão se abriu e os dois passaram rapidamente pelo caminho dos belos vasos ornamentais com flores coloridas, chegaram até a porta e escutaram as trancas se abrirem, um belo sorriso feminino os convidou a entrar:

— Bom dia. Sejam bem-vindos.

— Obrigado, sinto incomodá-los fora do horário de expediente do centro espiritualista. Atendem somente à noite?

—Sim, dona Sonia é uma mulher muito ocupada, na parte da manhã e à tarde dá aulas aos nossos alunos na escola que funciona aqui.

— Escola! Não é um centro espiritualista? — pergunta Lurdes, sem compreender o que seria um centro espiritualista.

A moça se apresenta estendendo a mão para Rafael e depois para Lurdes, que estava atrás dele.

— Sou Patrícia, a secretária de dona Sonia Tavares. Neste centro temos uma escola para quem deseja aprender uma nova forma de viver. Também damos atendimento espiritual quando necessário. Como era nos antigos centros espíritas, antes de se modernizarem com a nova espiritualidade.

— Que coisa estranha de se dizer! Nova espiritualidade?

— Os centros espíritas estudam por meio de ensinamentos deixados por um respeitado professor francês que usou o pseudônimo de Allan Kardec. Foi ele quem codificou a doutrina dos espíritos. No entanto, tudo se moderniza, até mesmo o astral, que passou a ser rápido e informatizado. Por conta disso, precisamos mostrar aos jovens que a comunicação dos espíritos se dá de várias maneiras, com uma compreensão rápida e até digitalizada. É uma grande rede de comunicação e todos nós estamos conectados ou precisamos nos conectar a ela. Essa é a razão para fundarmos uma escola que ensina como nos conectar com o universo e com o Criador.

— Coisa estranha, então até mesmo os espíritos se modernizam? Estou impressionada. Podemos falar com espíritos através de algum aparelho como o telefone?

— Sim, basta termos a tecnologia conectada com eles. Fazemos experimentos neste sentido na escola. Podem entrar na sala de dona Sonia, ela os está aguardando.

Patrícia abriu a porta que dava para um corredor e Rafael entrou, logo atrás Lurdes seguiu curiosa com tudo que estava analisando na decoração diferente dos ambientes, ela observava as diversas portas que estavam fechadas no longo corredor. Logo, uma das salas se abriu para eles.

Sonia saiu detrás de sua mesa e apertou a mão de Rafael depois a de Lurdes, dizendo:

— Acalmem seus corações, meus amigos, sinto que estão apreensivos e tristes. Sentem-se, por favor. E diga, Rafael, por que veio me procurar?

— Minha mãe conseguiu seu endereço com nossa empregada Genise. Preciso de ajuda para minha mulher Sara, ela está conosco, não sabe como deixar a Terra.

— Sara é uma moça de cabelos ondulados escuros, pele clara e olhos grandes e expressivos?

— Como sabe? Descreveu Sara!

— Não quero impressioná-lo, mas estou vendo-a ao seu lado. É uma linda moça, mas está muito aflita.

— Sara morreu no parto de nossa filha Jaqueline, sinto a presença dela e seu desespero por nos deixar. Jaqueline nasceu com uma síndrome que faz seu pequeno coração ficar fraco. Preciso de ajuda. Não sei como ajudar Sara ou Jaqueline...

— Acalme-se, primeiro passo, vamos pedir ajuda espiritual para Sara, ela necessita seguir para um lugar de refazimento de seu corpo astral, é preciso reequilibrar sua energia. Falarei com ela agora, por favor, se mantenham em silêncio e pensem positivamente, irradiando energia para Sara.

Mentalmente, Sonia entrou em contato com Sara e explicou com carinho o que estava acontecendo com ela no estado espiritual.

— Sara, pode me ouvir?

— Sim, quem é você? Que luz é essa à sua volta?

— Sou médium, Sara, tenho sensibilidade mais refinada e consigo me comunicar com os espíritos que deixaram o corpo físico como você. Neste momento, sou um canal nesta dimensão densa em contato com a mais sutil, a dos espíritos. Você não pode ficar na Terra, tem que voltar para casa, querida. Sua casa agora é em uma dimensão sutil.

— Não posso deixá-los, minha filha sofre no hospital. Quero ficar e cuidar dela! Não quero ir embora, tenho de cuidar de minha pequena! E de meu marido, ele sofre minha ausência, nós nos amamos!

— Não insista, Sara, do outro lado levará o amor que sente por eles, seja realista, o que pode fazer para ajudar sua filha no estado em que você se encontra? Como consolará Rafael com sua presença que lhe causa dor e sofrimento? Sara, ouça, ninguém é obrigado a nada, mas use o bom senso, olhe seu estado, está debilitada espiritualmente. Seu corpo sutil pede renovação energética para reconstituir o que foi afetado em seu desencarne. Precisa aprender a viver em outro mundo, tem tanto para aprender, Sara. Garanto-lhe que existe um mundo lindo, cheio de novidades esperando você. Chamarei meus amigos e você pode segui-los, refazer a saúde de seu corpo espiritual e aprender a melhor forma de colaborar para ajudar sua filha.

— Não quero deixá-los! Tenho medo do que encontrarei do outro lado, espero por minha mãe, se ela vier me buscar, irei com ela.

— Sara, sua mãe desencarnou?

— Sim, há bastante tempo, eu era criança.

— Meus amigos procuraram nos registros por ela e não a encontraram entre os desencarnados. Sinto, Sara, mas sua mãe pode não ter desencarnado ainda.

— Ela morreu! Tenho certeza de que ela morreu!

— Afirmam que sua mãe continua encarnada na Terra. Se quiser descobrir a verdade, siga essa jovem que chama por você. Não se recorda de uma prima que desencarnou na infância?

— Anny, é você? Era tão pequena quando sofreu aquele acidente e nos deixou. Estou vendo uma moça linda. É minha prima Anny? Aquela que morreu afogada no riacho da fazenda de nosso avô?

— Sou eu, Sara, tive uma breve passagem na Terra, precisava limpar meu corpo espiritual de algumas máculas que me feriam e tolhiam minha saúde. Quando deixei aquele corpinho no riacho, retornei limpa do mal que minha saúde sofria. O pequeno corpo absorveu a energia densa e negativa que ficou na Terra. Hoje sou saudável. Venha, Sara, tem muito a aprender deste lado, vamos acompanhar a recuperação de sua filha de perto, prometo que se vier comigo terá ajuda competente para ela.

— Isso seria maravilhoso, Jaqueline está muito doente. Quero ajudá-la. E quanto ao meu marido, ele ficará sozinho e logo terá outra mulher! Rafael me esquecerá! Eu o amo tanto.

— Ele também a ama, Sara, mas existem momentos de ficarem juntos e momentos de viverem distantes um do outro. Se o amor for verdadeiro, um dia estarão juntos, seja onde estiverem, deste lado ou entre os encarnados. Não se apegue às pessoas, liberte-as, Sara, ele tem o direito de ser feliz novamente. E você tem o direito ao seu livre-arbítrio, não vamos interferir em seu poder de escolha. Estou convidando você a me seguir e se recuperar, para depois, ajudar quem você ama.

— Quero acompanhar minha mãe, não compreendo onde ela está? Por que dizem que está viva?

— Sara, minha querida, existem fatos no passado de sua família que você desconhece, se nossos amigos espirituais procuraram o nome dela nos arquivos dos que deixaram o planeta Terra e não a encontraram, quer dizer que ela continua encarnada. Não lhe cabe julgar, mas se deseja descobrir os motivos que afastou sua mãe de você, venha comigo, lhe garanto que rapidamente descobriremos tudo sobre o passado, aqui tudo é muito rápido, as informações são verídicas. Venha, Sara, precisa parar o sangramento em seu corpo.

— Quero ajuda, aceito seguir com você, Anny, mas quero dizer adeus ao meu amado Rafael. Posso?

— Claro, querida. A médium transmitirá suas palavras.

Sara olhou para Sonia que se manteve em silêncio durante essa conversa, emanando energia positiva para Sara.

— Diga a Rafael que preciso ir, mas que voltarei quando souber como ajudar nossa filha a recuperar a saúde. Diga que o amo muito, e foi um prazer conhecer Lurdes. Agradeço a ela os cuidados com minha amada filha e meu amado Rafael. Diga a ele que o amo e que cuide bem de Jaqueline. Voltarei em breve, deixo um beijo, não quero prejudicá-los com minha presença triste. Não queria deixar a vida neste instante, tudo que desejei foi ser feliz com minha família. Adeus e obrigada pela ajuda.

Sonia repetia as palavras de Sara a eles, Rafael e Lurdes, que não contiveram as lágrimas, Rafael sentia grande vontade de chamar Sara de volta, mas a pedido de Sonia, que percebeu sua intenção, se calou. E Sonia disse:

— Seja forte, Rafael, não está sendo fácil para Sara deixá-lo, mostre a ela que é um homem forte e suportará a separação temporária. Mande um beijo e diga adeus.

Rafael mandou um beijo no ar e sentiu que Sara partiu bruscamente, o deixando com a sensação que lhe faltava um pedaço de seu corpo físico.

Sonia consolou Rafael dizendo palavras de apoio a ele, ela tentou encorajá-lo.

— A vida está o convidando a ser forte, colocou a pequena criança aos seus cuidados, a vida sabe que dará o seu melhor para cuidar de sua filha. Não se cobre tanto, faça somente o que estiver ao seu alcance, não queira ser maior do que você é. Existe o momento de estar juntos e o momento de dizer adeus.

— Se refere à partida de Sara?

— Um dia me compreenderá, guarde minhas palavras, Rafael, não dê passos maiores que suas pernas, a liberdade não tem preço, seja livre e liberte. Foi um prazer conhecê-los, agora tenho que deixá-los para dar aulas aos meus alunos. Tenham um ótimo dia, leve luz para a criança que pede cuidados especiais, tudo que fizerem por ela será recompensado com amor.

— Obrigada, dona Sonia, sinto que Sara nos deixou. A senhora a encaminhou para um bom lugar, buscávamos por isso e conseguimos ajudar Sara a seguir seu novo caminho, apesar de que no lugar dela, eu ficaria, não teria coragem de partir deixando minha pequena doente.

— Não julgue Sara, não foi fácil para ela deixá-los, tivemos que chamar amigos de seu passado para que a acompanhassem de volta ao mundo espiritual.

— A mãe de Sara veio buscá-la?

— Não deveria falar sobre esse assunto, mas recebi ordens superiores para dizer que a mãe de Sara continua na Terra. Se puderem, ajudem a desvendar esse segredo de família.

Eles seguiram para o andar de baixo, Lurdes estava muito interessada no aprendizado sobre a espiritualidade, Sonia sentindo que estava na hora de Lurdes aprender mais sobre o assunto, a presenteia com alguns livros, Rafael sentia certo alívio e, ao mesmo tempo, estava triste pela partida de Sara. Sonia anotou o nome deles em um caderno e prometeu que faria orações para eles, mandando energia positiva para deixá-los mais equilibrados.

Eles se despediram depois que descobriram que Sonia não cobraria nada pela consulta, não era de seu feitio cobrar por um serviço espiritual dessa natureza, as aulas sim, eram cobradas, o que permitia que ela disponibilizasse seu tempo a esse trabalho de professora para manter o centro espiritualista.

Capítulo 7

Na rua, Rafael sentiu uma forte vontade de chorar, não sentia mais a presença de Sara ao seu lado. Não queria expor sua tristeza em público. Conteve-se e entrou no carro seguindo para a empresa em que Sara trabalhava. Lurdes notou a dor de seu filho e se condoía por não ter o que fazer para amenizar a tristeza de Rafael, entrou no carro e seguiu calada, respeitando os sentimentos dele.

Quarenta minutos depois, estavam na empresa esperando para serem atendidos pelo diretor financeiro, ex-chefe de Sara.

A secretária estava sendo muito gentil com eles, ela era amiga de Sara, almoçavam juntas diariamente, e ficou muito abalada; no enterro de Sara se mostrou inconformada com sua morte. Lurdes a reconheceu por notar que entre tantos outros amigos que trabalhavam com Sara, a moça era a que mais vertia lágrimas. E Lurdes perguntou:

— Pode me dizer qual era a sala que Sara trabalhava? Talvez tenha ficado alguns de seus pertences em sua mesa.

— Não ficou, eu mesma recolhi todos os objetos pessoais de Sara, coloquei em uma caixa no meu armário esperando que vocês viessem até aqui buscá-los. Enviaria pelo correio no endereço dela, não tive tempo para fazê-lo, me desculpem.

— Não se desculpe, não tivemos tempo para reorganizar nossas vidas. São tantos os problemas que estamos enfrentando. Gostaria muito de ter conhecido minha nora.

— A senhora não conheceu Sara! Nos últimos dias, antes de receber a licença-maternidade, Sara me disse que viajariam para Juiz de Fora, queria conhecer a avó de sua filha. Pena que não teve tempo de realizar essa viagem. Tenho certeza de que a senhora adoraria conhecê-la, Sara era muito amorosa, estava sempre sorrindo e era muito competente no trabalho.

— O diretor vai demorar a me atender? — disse Rafael, impaciente pela demora, pois estava próximo do horário do almoço, e logo todos deixariam o escritório para almoçar. — Tenho tantas providências para tomar antes que o dia termine.

— Ele está em reunião com outros diretores neste momento, em breve o atenderá. Avisei de sua urgência em lhe falar.

Passaram vinte minutos, quando o diretor pede à secretária que faça entrar Rafael Lemos.

Diante do diretor da empresa, Rafael expõe seus problemas quanto à entrega do apartamento, do carro e o cancelamento da assistência médica de Sara, que não cobriu as despesas do hospital. Alfredo explicou como funcionava a empresa com relação aos benefícios que dispunha aos seus funcionários.

— O apartamento não terá mais o aluguel pago nesse mês, que se iniciou há dois dias, o carro é propriedade da empresa, cortando o vínculo empregatício, a devolução é imediata, sinto muito. Quanto às despesas do hospital com sua filha, o convênio as pagou até o mês passado, esse mês, que já realizamos o cancelamento, não cobrirá mais as despesas; o senhor pode tratar na assistência médica e continuar pagando o plano para a sua filha. Mas creio que haverá carência a ser respeitada neste caso, com doença pré-existente, creio que não aceitem sua filha como conveniada.

— Senhor Alfredo, eu realmente não tenho como pagar essa dívida, não sei o que fazer, estou pedindo sua ajuda. O que a empresa que Sara trabalhou vários anos nos Estados Unidos e aqui no Brasil pode fazer para ajudar nossa família?

— Receberá os direitos de Sara como funcionária de nossa multinacional. O que posso fazer é apressar esse acerto o quanto antes. Falarei com o hospital para parcelar essa dívida.

Alfredo pegou o telefone e ligou para seu superior tentando resolver o caso. Em pouco tempo, a resposta veio e o deixou mais aliviado para falar com Rafael. Desligou o telefone, fez algumas contas no computador à sua frente, demorou alguns minutos diante do aparelho e quando terminou, retirou um papel que imprimiu e disse:

— Tudo resolvido, o senhor não deve mais nada ao hospital. A empresa quitou a fatura, pode ver, imprimi para que leve com você o recibo dessa dívida quitada. Desta forma, espero que tenha ajudado, pela memória de Sara, que era uma ótima funcionária.

— Não devo mais nada?

— Sua dívida não existe mais. Quanto ao apartamento, não temos como pagar o próximo aluguel, mas talvez o proprietário lhe dê mais alguns dias para deixá-lo, ou se desejar locar o imóvel, fale diretamente com ele, aqui está o número de seu celular. Sentimos muito pelo falecimento de Sara, ela era muito competente.

— Obrigado, realmente não esperava que a empresa arcasse com as despesas do hospital, obrigado mais uma vez.

— Não me agradeça, Rafael, temos um presidente muito generoso. Entrei em contato com ele e tudo foi resolvido. O que realmente gostaríamos era que Sara estive bem, ao lado de sua filha. Sentimos muito por sua perda, é a nossa também. Cuide bem de sua filha. Até um dia.

— Até. E obrigado, Jaqueline será transferida amanhã cedo para Belo Horizonte. Foi o único hospital que aceitou cuidar dela. Preciso deixar a cidade, entrego o apartamento amanhã e o carro, deixo na garagem do prédio?

— Sim, resolva esses pormenores com minha secretária.

Rafael apertou a mão de Alfredo e deixou a sala.

Do lado de fora, falou com a secretária e deixou tudo acertado com ela.

Precisava pedir demissão da empresa que trabalhava e seguiu para lá, contando os detalhes para a mãe sobre o que conversou com o diretor. Não cansava de elogiar a todos pelo pagamento da grande dívida com o hospital.

O tempo passou e a noite caiu rapidamente, Rafael havia deixado Lurdes no apartamento para que ela cuidasse da mudança, organizando os pertences pessoais da família. Junto com Genise, que encerrou sua folga após o almoço, as duas corriam contra o tempo para deixar as caixas prontas. As roupas e todos os pertences da bebê eram organizados em caixas e colocados no porta-malas do carro de Rafael, que estava estacionado na garagem do prédio. Era um carro popular, que ele comprou quando chegou a São Paulo, trabalhava com o carro e o deixava na garagem quando Sara fazia suas visitas ao médico, era Rafael quem a levava no carro luxuoso que era da empresa.

A bagagem ocupou todo o espaço do pequeno porta-malas, e começaram a colocar as malas no banco traseiro. Lurdes colocou todas as roupas e pertences pessoais de Sara em caixas e deixou aos cuidados de Genise, para serem doados como era o desejo de Rafael.

— Dona Lurdes, minha patroa tinha roupas muito bonitas, posso ficar com algumas?

— Não ficaria impressionada por ser de uma pessoa que morreu?

— Sou pobre, dona Lurdes, não tenho essa frescura, dona Sara era uma pessoa boa, depois de morta não me fará mal por usar suas roupas! Apesar de ter medo de fantasmas.

— Pode ficar com o que desejar, amanhã virão buscar os objetos para doação. Entregue a eles o que você não desejar. Agora, preciso arrumar minhas malas, não sei onde colocar, no carro pequeno não cabe mais nada.

— Ah, se o patrão pudesse ficar com o carro grande da empresa que a falecida trabalhava! Faria uma viagem mais confortável.

— Genise, está tudo bem, a prioridade é que Jaqueline faça uma viagem boa, espero que ela chegue ao seu destino com vida! Ou tudo terá sido em vão.

— Melhor não pensar no pior, vamos orar por ela e tudo ficará bem. Realmente, não importa o carro apertado, o que importa é a saúde de Jaqueline. E que ela chegue bem ao hospital em Belo Horizonte. Isso é estranho, como não encontraram vaga em outro hospital aqui mesmo para a menina?! Essa cidade tem muitos hospitais. É tão grande, porque precisam seguir para Belo Horizonte? É estranho.

— Foi o que conseguiram no estado que ela se encontra. Aqui tem muitos outros hospitais?

— Bem se vê que a senhora não é deste estado. Existem muitos hospitais nesta cidade gigantesca. Os melhores deste país estão aqui. Por que estão sendo levados para Belo Horizonte? Não acha estranha essa transferência?

— Não havia analisado por esse ângulo. Realmente é estranho! Me parece que temos que seguir para lá de qualquer forma.

— O que será que encontrarão em Belo Horizonte? Quem espera por vocês lá?

— Eu não sei, se ainda fosse Juiz de Fora. Mas em Belo Horizonte eu não conheço ninguém. Vamos ver o que a vida nos reserva para o futuro.

***

Era noite alta quando Rafael retornou para o apartamento, Lurdes e Genise estavam dormindo, haviam deixado um lanche para ele na cozinha. Rafael tomou um banho na suíte principal e foi para cozinha se alimentar, encontrou sobre a mesa, coberto por uma toalha, um delicioso sanduíche, se sentou e começou a comer sem muito apetite, seu estômago estava enjoado, estava triste e preocupado com sua pequena Jaqueline. Lembrou-se de que rejeitou a menina quando soube que Sara havia morrido. Uma lágrima rolou por sua face quando veio à sua mente a imagem de Sara, estavam tão felizes minutos antes do parto. Queriam tanto conhecer a pequena Jaqueline. O mundo desabou sobre sua cabeça quando Sara se foi e Jaqueline chegou muito doente.

Tentou comer mais um pedaço do sanduíche e não conseguiu. Retirou do bolso um envelope com o pagamento de Genise e uma carta de recomendação para que ela encontrasse um novo emprego, deixou sobre a mesa. Voltou para a suíte e se jogou na cama tentando dormir um pouco. Precisava estar bem para dirigir muitos quilômetros até Belo Horizonte na manhã seguinte. Ele adormeceu rapidamente e teve pesadelos estranhos, acordou bruscamente várias vezes durante a madrugada.

Capítulo 8

A ambulância deixou o hospital, em vários cruzamentos o motorista acionava a sirene, o barulho fazia o coração de Rafael acelerar descompassado em seu peito. Ele tentava seguir na mesma velocidade que a ambulância, mas não poderia se arriscar passando nos sinais vermelhos, tentou acompanhá-los com os olhos atentos à distância que a ambulância tomava à frente, mas acabou perdendo o veículo depois de virar uma esquina. Rafael não conhecia bem o caminho, usou um GPS que comprou em um camelô no dia anterior, o aparelho o guiou até a rodovia que o levaria para fora do estado.

Lurdes estava sentada em um assento no fundo da ambulância, e a todo o momento se contorcia tentando olhar para trás, procurando pelo carro do filho que ficou distante. Estava preocupada com Rafael, gostaria de ligar em seu celular, mas sabia que ele atenderia estando ao volante, e assim poderia causar um grave acidente. Controlou-se, freando o impulso de apertar a tecla de seu telefone, completando a ligação para ele. Recordou que ele conversou com o motorista da ambulância antes de deixarem o hospital, ouviu quando combinaram uma parada em uma cidade ao lado da rodovia. Olhava para a bebê que dormia tranquila, na incubadora, um enfermeiro estava ao seu lado, atento, monitorando os aparelhos que estavam ligados ao corpo de Jaqueline.

O sol estava deixando o carro quente, e Lurdes se abanava com uma das mãos, o enfermeiro perguntou:

— A senhora está bem?

— Estou com calor, falta muito até chegarmos a Belo Horizonte?

— Mais da metade do caminho, mesmo viajando acima da velocidade permitida pela rodovia, ainda estamos longe de nosso destino. Pedirei para Lauro ligar o ar-condicionado por alguns minutos, não quero sobrecarregar a bateria, temos aparelhos a bordo que necessitam de energia para manter a vida da bebê.

— Não vamos arriscar, suportaremos o calor, Jaqueline precisa realizar essa viagem sem atropelos. Estou preocupada com meu filho, não está mais seguindo a ambulância.

—Não se preocupe, Lauro avisou que isso seria impossível, ele deixou o endereço com seu filho, ele encontrará o hospital algumas horas depois que chegarmos lá. É preciso se apressar para que a bebê chegue rápido e receba o tratamento de que necessita. Faremos uma parada para o almoço e encontraremos seu filho.

— Não creio. Rafael não pode ultrapassar os limites de velocidade da rodovia como a ambulância. Não podemos nos arriscar contraindo multas.

— Fique tranquila, dona Lurdes, tenho certeza de que até o final do dia estarão juntos novamente. Tem onde se hospedar em Belo Horizonte?

— Não. Talvez ficaremos em um hotelzinho próximo ao hospital, conhece algum para me indicar?

— Os hotéis próximos daquela região são caros, mas dinheiro não deve ser problema para vocês, deixamos um dos mais caros hospitais de São Paulo, a família tem dinheiro.

— Se tivéssemos dinheiro não estaríamos colocando a vida de Jaqueline em risco com essa transferência de um estado para outro.

Lurdes contou ao enfermeiro toda a história sobre o nascimento da neta. Falou sobre a morte de Sara deixando transparecer o carinho que sentia por ela, mesmo sem tê-la conhecido, quando terminou, Silvio comentou:

— Seu filho está sofrendo com a perda da esposa, também sou casado e se passasse por essa situação não teria forças para me manter em pé. Ele é um homem forte!

— Pobre Rafael, está muito triste, tenta ser forte pela filha que precisa dele. Arrependeu-se por ter renegado a pequena, acusava-a pela morte da mãe.

— Não se impressione, nesse caso é natural a rejeição do pai pela criança, a dor da perda da mulher amada desequilibra a mente do homem. Ele precisa achar algum culpado por sua dor, e a culpa sempre recai no recém-nascido. Existem homens que deixam as crianças aos cuidados de parentes que confiam e partem para reorganizarem suas vidas. Depois, formam outras famílias desejando apagar da mente que um dia sofreram por amor.

— Nós mulheres não agimos dessa forma, meu marido morreu e asseguro que não desejei morrer junto com ele. Senti sua perda, e sinto sua falta em vários momentos, a vida continua e sei que ele continua vivo do outro lado, em algum lugar espiritual. Acredito que deve haver algum motivo para minha jornada nesta vida continuar e a dele ter terminado. Espero que meu Rafael não entre para sua estatística.

— Gosto de analisar os fatos, em minha profissão muitas vezes fico diante da morte e ao lado de pessoas que sofrem pela morte de entes queridos. Grande parte dos homens abandona o filho recém-nascido com familiares próximos; fui criado por uma tia, minha mãe morreu após dar à luz. Até hoje, sinto a dor de meu pai biológico, ele evita o nosso encontro o máximo que pode, quando ficamos frente a frente, sinto seu olhar acusador.

— Compreendo o que disse, não fique triste por não ter o amor de seu pai biológico, tenho certeza de que recebeu muito amor de sua tia.

— Realmente, recebi muito amor dessa mulher especial que me educou, tive um pai que me amou e me ensinou a ser um homem de fibra. Tive muita sorte por encontrá-los nesta vida. Meu pai biológico formou uma nova família e fui excluído dela. Ele jamais me perguntou se desejava viver ao seu lado. Desprezou-me e me despreza até hoje.

— Se meu filho não suportar sua dor e acusar minha neta, penso que será melhor nos deixar. Eu me sentiria triste por vê-lo tratá-la com desprezo.

— A senhora terá condições financeiras para cuidar de uma criança doente?

— Não, vivo da pensão que recebo pela morte de Luiz, meu marido, mas tenho certeza de que faria o possível e o impossível para cuidar de minha neta, como a sua tia fez com você.

— Me impressiona a força que as mulheres têm quando se trata de amor, principalmente as que são mães. Viram feras para proteger as crias como se fossem leoas selvagens. Dona Lurdes, perdoe-me pelo que direi, sinto que preciso alertá-la.

O rapaz continuou a conversa:

— Não se apegue a essa pequena criança, ela está muito doente, faça o que puder por ela, mas não tenha esperanças de que ela sobreviva muito anos.

— Não tire minha esperança com palavras pessimistas, espero ver Jaqueline crescer e se tornar uma mulher. Eu tenho fé!

— Desculpe, não tive a intenção, falei bobagem. Estamos chegando à primeira parada que combinamos com seu filho. Quem sabe ele não nos encontra nesse restaurante na beira da rodovia.

— Não creio que corra o suficiente com seu carro. Preciso usar o banheiro. Você fica aqui com Jaqueline?

— Ficarei. Depois que retornar para a ambulância, será a minha vez de usar o banheiro. Quando Lauro retornar seguiremos viagem.

Lurdes se apressou em descer do veículo, seguiu para o banheiro e retornou apressada. O enfermeiro desceu avisando que não demoraria e que Jaqueline estava bem.

Lurdes aproveitou para se sentar mais próxima da incubadora, colocou a mão na luva que permitia o manuseio da pequena paciente. Com a ponta dos dedos acariciou a cabeça de Jaqueline, dizendo:

— Olá, querida, não se preocupe, a vovó está aqui com você, nada de ruim acontecerá com minha netinha. Seja forte, pequena, lute com todas as suas forças para se manter viva, você é muito amada, criança. Seu pai a ama e sempre amará. Fique em paz.

Lurdes retirou a mão rapidamente da luva e se sentou no banco mais ao lado para não atrapalhar o enfermeiro que estava abrindo a porta do veículo. Ele disse ao entrar:

— Não deveria ter manipulado a paciente sem permissão, pude ver rapidamente que estava com a mão na luva, o que pretendia?

— Fazer um carinho em minha netinha, isso é proibido?

— Neste caso, sim. O médico me recomendou que tivesse todo cuidado com essa criança. Poderia ter tocado em alguns dos cabos e desligado o respirador, Jaqueline teria morrido em segundos e a senhora sentiria remorso pelo resto de sua vida. É uma vida humana que estou tentando manter. Não faça mais isso, por favor.

— Desculpe, não repetirei essa interferência em seu trabalho. Sinto vontade de pegar minha neta no colo.

Dez minutos depois, o motorista, retornou e partiram se distanciando ainda mais de Rafael que estava bem atrás na rodovia Fernão Dias.

Finalmente, a ambulância depois de seis horas rodando, chegou à porta do hospital em Belo Horizonte. O enfermeiro tomou todas as providências, internando Jaqueline na UTI neonatal. Para a pequena foi uma viagem que deixou sua saúde ainda mais fragilizada. O enfermeiro fez questão de falar com o médico responsável pela UTI, deixou em suas mãos um relatório do médico de São Paulo, se despediu de Lurdes, a deixando na sala de espera.

Lurdes estava nervosa, caminhava de um lado para outro desejando que Rafael chegasse rápido. Havia papéis que precisavam ser assinados por um responsável e Lurdes não estava com o registro de nascimento de Jaqueline, que ficou em uma das malas no carro do filho.

A noite caiu e Lurdes estava muito cansada. Acabou pegando no sono em uma cadeira na recepção da UTI neonatal. Passava das dez, quando Rafael finalmente chegou com o documento de Jaqueline e resolveu uma questão burocrática no hospital.

Ele se encontrou com a mãe e os dois puderam deixar o hospital e procurar um hotel para se hospedarem. Rafael achou prudente economizar na hospedagem, queria encontrar uma casa simples, mobiliada, para alugar. Viveria em Belo Horizonte até que Jaqueline estivesse forte o bastante para retornar aos Estados Unidos.

Estavam famintos e pararam o carro diante de uma lanchonete que estava aberta naquele horário, pediram dois lanches e perguntaram ao atendente se poderia indicar um hotel barato para passarem a noite.

— No final da rua existe uma pensão, a hospedagem é barata. E não se preocupem, a casa é de família, minha mãe é a dona da pensão, é um lugar familiar. Esperem fechar a lanchonete que os levarei até lá.

O jovem começou a baixar uma das portas, deixando a outra pela metade. Lurdes mordia com gosto seu sanduíche, estava faminta, havia esquecido as guloseimas que Genise preparou para a viagem na ambulância. Estava com poucos trocados na bolsa e não se atreveu a gastá-los na lanchonete ao lado do hospital, tudo ali parecia ser caro. Ficou sentada na sala de espera por horas aguardando Rafael. Finalmente estava se alimentando, e o sanduíche, naquele momento, lhe pareceu ser o melhor que havia comido em toda sua vida. Talvez fosse pela fome que maltratava seu estômago ou por realmente estar apetitoso.

Capítulo 9

Terminaram o lanche e pagaram a conta para o jovem no balcão, entraram no carro enquanto o rapaz fechava a porta da lanchonete. Apertaram-se no veículo para dar espaço ao jovem que os levaria à pensão. Desceram a ladeira íngreme e estacionaram o carro em uma garagem sem cobertura, ao lado de uma casa relativamente grande com várias janelas no andar superior, o lugar não era belo, a casa pareceu velha e Rafael perguntou a mãe:

— Deseja se hospedar neste lugar? Podemos encontrar um hotel melhor.

— É tarde, estou muito cansada. Preciso tomar um banho e deitar meu corpo em uma cama. Este dia foi cansativo para meu corpo, não sou tão jovem, filho. Podemos passar essa noite aqui, amanhã procuraremos outro lugar se não gostarmos deste.

— Mãe, me parece uma casa velha que precisa de reforma urgente. Pode haver insetos e ratos lá dentro.

— Não estariam abertos se houvesse ratos, filho, esqueceu-se do que é viver na simplicidade? Passou muito tempo nos Estados Unidos. O luxo é uma coisa que não nos cabe nesse momento, está desempregado e temos que contar as moedinhas para ficar ao lado de Jaqueline nesta cidade.

Seria ótimo se esse hospital fosse em Juiz de Fora, poderíamos ficar confortáveis em casa.

— Tem razão, mãe, não podemos gastar muito com a hospedagem, me preocupo pela senhora, não me importo com mais nada, tudo que quero é ver minha filha com saúde e voltar para os Estados Unidos.

Eles entraram na velha casa de paredes mofadas, que deixavam o colorido da cor com aspecto de sujo. Na entrada, havia um balcão repleto de papéis e um vaso com flores artificiais coberto de poeira. Uma mulher surgiu atrás do balcão dando boas-vindas. Rafael ficou desorientado, aquela senhora se parecia muito com uma pessoa que ele conhecia bem, seu rosto era idêntico ao de Sara. Pela diferença de idade, aquela mulher poderia ser a mãe dela. Ela segurava uma caneta entre os dedos, perguntando os nomes para preencher a fixa dos novos hóspedes.

Rafael respondeu e instintivamente perguntou:

— Qual seu nome?

— Vanessa Rocha.

— Sempre viveu no Brasil?

— Por que a pergunta? —Vanessa ficou nervosa com os questionamentos, mas precisava saber quem eram esses hóspedes que pareciam conhecer seu passado, que ela desejava esquecer. "Isso não poderia estar acontecendo" — pensava ela.

— Podia afirmar que teve uma filha nos Estados Unidos, a senhora se parece demais com a mãe de minha mulher... Mas, isso seria impossível, a mãe de Sara morreu há muitos anos.

— Sara?! Esse é o nome de sua mulher? Gostaria muito de conhecê-la, onde ela está?

Rafael baixou os olhos que ficaram marejados e respondeu, não notando um fio de esperança que ressurgiu no coração de Vanessa.

— Sara não poderá estar conosco. Pode me indicar onde fica nosso quarto? Estamos cansados, preencho a ficha de hospedagem pela manhã, se não se importar.

— Tudo bem. Renato, meu filho, o jovem que os trouxe até aqui, ajudará com as malas, acompanharei os dois até o quarto. Vou colocá-los em um aposento com banheiro privativo, em alguns quartos não existe esse luxo. Os hóspedes dividem o mesmo banheiro. O café começa a ser servido às sete horas, e o almoço das doze até as catorze horas. Por favor, não atrasem se desejarem realizar as refeições conosco.

Vanessa abriu uma das portas no final do corredor, com pouca luminosidade, e se despediu dizendo:

— A roupa de cama foi trocada pela manhã depois que o quarto vagou, as toalhas estão no banheiro. Boa noite a todos, se precisarem de alguma coisa, basta tocar a campainha na recepção lá embaixo.

Os dois entraram no quarto olhando a decoração simples, Lurdes analisou a limpeza do banheiro, retornou para o quarto satisfeita, e comentou:

— Está limpinho, não se preocupe. Não me parece que existam ratos por aqui. Apesar da simplicidade do lugar tudo está limpo. Podemos dormir tranquilos.

— Pegarei as malas no carro, que bom que aprovou, mãe. Estou muito cansado, dirigi centenas de quilômetros, meu corpo está moído pelo cansaço.

Rafael e Renato trouxeram as malas para o quarto, Lurdes tomava banho, quando terminou, encontrou sua mala na porta do banheiro, se vestiu e caiu na cama, não notando que Rafael não estava no quarto. Adormeceu rapidamente.

Rafael estava preocupado com a bagagem que ficou no carro, estavam lá todos os pertences que pôde trazer do apartamento que morou com Sara nos últimos meses. Carregou o que pôde para dentro do pequeno quarto, não esquecendo o *notebook* de Sara e seu celular. Ligou o aparelho e verificou as chamadas de George, seu sogro, que não foi informado do falecimento da filha. Pensou em ligar, mas se conteve, não queria dar a triste notícia da morte de Sara. Nos dias que se seguiram ao choque que sofreu pela morte de sua amada esposa, Rafael não teve coragem de contar ao pai da moça que ela não estava mais entre eles.

Ele colocou o celular sobre o aparador que separava as duas camas de solteiro no quarto, pegou um pijama na mala e seguiu para o banho. Enquanto estava fechado no banheiro, não ouviu o celular de Sara tocar insistentemente.

***

Havia vários dias George tentava saber notícias de Sara e do nascimento da pequena Jaqueline. Ligava após calcular o fuso horário da cidade de Denver para São Paulo, sete horas a menos. Passava as tardes tentando falar com Sara ou com Rafael. Mas eles não atendiam as ligações. George, preocupado, entrou em contato com a empresa que Sara trabalhava, em São Paulo, e recebeu a notícia do seu desligamento da empresa. Insistiu por mais informações sobre a filha e a criança, até que um dos funcionários da empresa decidiu que estava na hora daquele pai desesperado conhecer a verdade. George recebeu a notícia e não acreditou no que estava ouvindo, pediu por provas da morte de sua filha, e a empresa enviou uma cópia do atestado de óbito de Sara.

George chorou a morte da filha nos braços de sua atual esposa, Virgínia, e decidiu ir para o Brasil para conhecer a neta Jaqueline; temia que Rafael não retornasse para os Estados Unidos com a menina.

Virgínia não podia deixar Denver, a pretexto do trabalho que requeria sua presença, enviou uma das filhas para fazer companhia ao pai. George, depois da morte de sua primeira mulher, Vanessa, se casou com Virgínia que deu a ele duas belas filhas. Olivia e Lily, que terminava o ensino médio, e por isso, Olivia acompanharia o pai naquela viagem apressada. Ela deixou a universidade em Denver para ajudar o pai, que tanto amava, a encontrar a neta, filha de sua meia-irmã, Sara.

Olivia não teve muito contato com Sara na infância, sabia que a meia-irmã, depois da morte de sua mãe, foi morar com uma tia, irmã de seu pai, que também faleceu anos depois, quando Sara terminou o ensino médio e se mudou para Nova Iorque, para estudar e trabalhar por lá. Sara se formou em administração de empresas, e se tornou uma excelente profissional. Olivia se compadeceu ao notar o desespero do pai, não poderia deixá-lo sozinho naquela viagem ao Brasil, imaginou que no país encontraria macacos caminhando nas ruas e uma grande selva cheia de insetos que transmitiam doenças parasitárias terríveis, imaginou ser necessário seu pouco conhecimento em medicina para ajudar o pai que poderia ser infectado por esses insetos. Obrigou George a tomar todas as vacinas antes de embarcar rumo a São Paulo.

***

Olivia entrou no voo estudando as doenças parasitárias do hemisfério sul em seu *notebook*. O funcionário da empresa que Sara trabalhou havia informado que a criança tinha nascido com uma doença rara. Olivia, estudante de medicina prestes a se formar, estava curiosa para saber qual doença rara vitimava a sobrinha.

Quando o avião sobrevoou a grande cidade de São Paulo, Olivia não tirou os olhos da janela da aeronave, não estava acreditando que sobrevoava uma cidade maior que Denver, no Colorado, procurou pela floresta e rapidamente a avistou distante da cidade, nas montanhas próximas ao aeroporto, pensou que ali deveriam estar os macacos que comentavam aqueles que pouco conheciam sobre o Brasil. Sentiu medo de ser contaminada por insetos quando pousassem em solo brasileiro, tirou da bolsa um frasco de repelente e esfregou nos braços, no pescoço e em todas as áreas que estavam descobertas. Fez o pai passar o valioso creme que salvaria suas vidas.

Olivia deixou a aeronave e se impressionou com o tamanho do aeroporto internacional de Guarulhos, um município incorporado à grande metrópole. Pegaram um táxi que os deixou em um hotel cinco estrelas, em um bairro nobre da cidade. Olivia estava atônita com os grandes edifícios e o grande movimento de carros nas avenidas. Percebeu que estava errada de imaginar que no Brasil não existia uma civilização moderna, procurou pelos macacos nas árvores e não os encontrou. George insistia em ligar para o celular de Sara, desejava do fundo do seu coração que toda a história que lhe contaram fosse mentira, desejava encontrar Sara feliz com sua filha nos braços. Antes de dormir, continuou ansioso, ouvindo o seu celular chamar por Sara.

Na manhã seguinte, encontraria a empresa que ela trabalhou para saber o que realmente aconteceu com sua filha. Se preciso, contrataria um detetive particular para descobrir o paradeiro de Rafael.

***

Rafael saiu do banho e deitou-se sobre os lençóis que cobriam a cama, apagou a luz do abajur e pegou no sono em seguida. Meia hora depois, o celular de Sara voltou a tocar, Rafael despertou assustado, acendeu a luz do abajur, e ao pegar o aparelho, reconheceu no visor a foto de George identificando a chamada. Lurdes também acordou com o barulho e perguntou:

— Não atenderá, meu filho? Pode ser do hospital!

— Não é, mãe, é o pai de Sara ligando dos Estados Unidos.

— Atenda, ele deve estar querendo saber sobre a saúde da neta.

— Ele não sabe que ela nasceu. Esqueci-me de ligar para ele contando que Sara...

— Não o recrimino, filho, foram dias agitados que passamos. Mas é preciso contar a ele que Sara nos deixou e

Jaqueline está doentinha. O homem deve estar preocupado. Atenda o celular, filho.

— Amanhã ligarei para ele, hoje preciso dormir um pouco mais, ainda é madrugada. Quero estar no hospital para falar com o pediatra bem cedo. Tente dormir novamente, mãe, farei o mesmo.

— Você é quem sabe, filho, não sabia que Sara tinha um pai que se preocupava com ela. Imaginei que ela fosse sozinha, contou-me apenas da mãe dela, estranhamos que não tenha vindo buscar a filha depois do desencarne. Será que essa mulher realmente está morta?

— Que pergunta, mãe! Sara disse que ela morreu quando ela era criança. Ela foi criada por uma tia, irmã de seu pai. Se estivesse viva não teria abandonado a filha, pelo que Sara contava, as duas eram bem unidas. Sara sofreu muito a falta de sua mãe.

— Estranho. Dona Sonia Tavares, do centro de ensino espiritualista, não afirmou que a mãe de Sara havia desencarnado. Pelo contrário, deixou a entender que existe um grande mistério sobre essa mulher. Quem sabe ela esteja viva! Qual era o nome dela?

— Vanessa. O pouco que sei sobre essa história, se não me engano, era esse o nome que Sara mencionava quando passava horas falando da mãe, era grata por ter aprendido o idioma português com a mãe e praticado com uma babá brasileira, o que permitiu que mudássemos para o Brasil. Infelizmente, Sara desejou que a filha fosse brasileira como sua mãe e eu. Se tivéssemos permanecido nos Estados Unidos, Sara talvez estivesse viva e Jaqueline tivesse sua síndrome descoberta ainda no útero. E nada disse teria acontecido.

— Engano seu, filho, quando temos que atravessar a ponte não há nada que nos demova desse percurso. Não sei qual o motivo para que a vida nos trouxesse até essa cidade, sinto que existe algo iminente para acontecer. Nossas vidas tomaram o percurso diferente, sabe quando estamos em uma curva sem saber que caminho devemos escolher para seguir em frente? É essa sensação que tenho a todo o instante. Se prepare para mudanças.

— Estava tanto tempo longe desses seus pressentimentos que havia me esquecido deles, mãe, sabe que não gostava quando fazia previsões. Nunca errava.

— Eu estou atenta à minha intuição, todas as vezes em que tentei negar, me dei mal. Estamos apenas no começo de uma tempestade que desabou sobre nossas cabeças, tem muito mais desafios a enfrentar. Temos que fazer a escolha certa para encontrar o melhor caminho a seguir.

— Não sei qual é a escolha certa, procuro fazer o melhor que posso, mãe. Sinto que não serei mais feliz como um dia fui ao lado de Sara. Ela era uma mulher maravilhosa, sinto tanto sua falta. Temo pelo futuro de Jaqueline, sei que preciso de dinheiro para custear o tratamento dela. Estou disposto a fazer qualquer sacrifício para cuidar dela.

— Está sendo um bom pai, meu filho. Não exagere, não queira ser maior do que é. Agora vamos voltar a dormir, logo, o sol nascerá e quero estar bem-disposta no hospital, sinto a necessidade de fazer boas amizades entre as enfermeiras, quero me assegurar que cuidarão bem de minha neta.

— Boa ideia, mãe. Faça isso.

Rafael apagou a luz do abajur e os dois voltaram a pegar no sono.

Capítulo 10

Vanessa deixou os hóspedes no quarto, e desceu a escada com as pernas trêmulas, não esperava ser reconhecida no Brasil, estava curiosa para ter notícias de sua amada filha Sara, ao mesmo tempo, estava apavorada com a possibilidade de o velho fazendeiro americano encontrá-la novamente, temia por sua vida e por seus filhos. Conhecia bem a crueldade de seu ex-marido. Foi por muito pouco que não morrera em suas mãos, no Colorado.

Ela entrou na cozinha e pegou um calmante que costumava tomar quando ficava agitada demais. Preparou um chá de maracujá para tentar melhorar, suas mãos estavam trêmulas quando pegou a xícara no armário de louças, que escapou de seus dedos espatifando-se no chão. O barulho chamou a atenção de Renato, que saiu da frente da TV para verificar o que estava acontecendo na cozinha. Ele entrou e notou a palidez da mãe que se mantinha em pé olhando para os cacos espalhados no chão.

— A senhora está bem, mãe? Está pálida!

— Estou com tontura, foi a labirintite que me atacou de repente, tomei meu remédio, não se preocupe. Estava fazendo um chá e acabei deixando cair a xícara.

— Se não está bem, deixe que eu termine seu chá, vá se deitar, limpo essa bagunça e levo o chá ao seu quarto.

— Obrigada, filho, mas não precisa se incomodar, deve estar cansado, trabalhou o dia todo na lanchonete, descanse assistindo ao futebol de que tanto gosta, eu limpo isso.

— Estou cansado, mas se aquela sua filha me ajudasse limpando essa casa em vez de ficar o dia todo vagabundeando pela cidade atrás de...

— Não comece, Renato, pare de implicar com sua irmã! Ela sabe o que faz.

— O pior cego é aquele que não quer ver! Sabe o que ela anda fazendo para comprar as roupas caras que usa?

— Ela trabalha na boate como dançarina, não vamos mais discutir esse assunto.

— Tudo bem, mãe, não quer reconhecer que sua filha se perdeu aceitando dinheiro dos figurões que frequentam aquela boate. Continue tapando o sol com sua peneira. O dia que Isabela aparecer com uma doença incurável, a senhora chorará por não ter me ouvido a tempo.

— Me deixe em paz! Não vê que estou mal! Volte para sala e assista ao jogo na TV. Não podemos levantar nossa voz, temos novos hóspedes, não quero incomodá-los com essa discussão.

— Desculpe, a senhora tem razão, perco o controle quando vejo Isabela deixar essa casa vestida como uma vagabunda. Ela acabou de sair.

— Sei que a profissão que ela escolheu causa conflitos entre vocês, sabe como Isabela tentou encontrar outro serviço para se manter e nos ajudar nas despesas desta casa.

— Se ela não gastasse tanto com sapatos, bolsas e roupas caras não precisaria se tornar uma prostituta para sustentar seus luxos. Diga, mãe, quanto foi que ela lhe deu para as despesas este mês? Nada, não foi? Se não fosse pelo meu salário, não teríamos como pagar a conta de luz atrasada, ficaríamos no escuro. Quando acordará, dona Vanessa? Sua filha se perdeu.

Renato terminou de recolher os cacos da xícara, apanhou outra, colocou o chá para a mãe e a serviu na mesa. Dizendo:

— Não quero ser o implicante desta casa, mas fico furioso quando vejo minha irmã entrando em carrões de homens que a procuram por sexo. Sabe bem o que ela é, mamãe. Sinto vergonha de ser irmão de Isabela.

— Não sei o que fazer, Isabela é uma mulher, não é mais uma adolescente inconsequente, não tenho como lhe mostrar o caminho certo. Também dancei em uma boate na minha juventude, tenho um passado desregrado, meu filho, pago até hoje o preço dos meus erros. Isabela não me deixa esquecer as burradas que fiz em minha juventude. Também era exuberante e fogosa como ela. Você é muito melhor que nós duas juntas. É um bom menino, puro, honesto, trabalhador e inteligente.

— Não se menospreze, mãe! Todos erram na vida, mas penso que tem conserto para tudo. Converse com Isabela, ela não tem que repetir os seus erros. Não creio que foi uma vagabunda como é sua filha.

— Como disse, cometi meus erros no passado. Não julgue sua irmã com tanto rigor. Falarei com ela amanhã.

Vanessa deixou a cozinha e subiu para descansar em seu quarto, Renato voltou a assistir ao futebol na sala. Quando terminou a transmissão do jogo, ele verificou se a casa estava fechada e subiu para dormir. Os velhos degraus de madeira rangeram com os passos dele, o barulho incomodou-o, desejava ter dinheiro para fazer uma reforma em toda a casa. Vanessa cuidava da velha casa que o pai de Renato deixou para ele de herança, falecera há alguns anos. Jorge acolheu Vanessa quando ela era uma pedinte nas ruas de Belo Horizonte. Estava tão ferida pelas agruras que a vida lhe impôs. Jorge que era um viúvo solitário e sem herdeiros, se condoeu com o estado lastimável da moça, que pedia ajuda nas ruas com uma menina pequena em seus braços. A diferença de idade entre eles era de trinta e cinco anos, e o velho dono do sobrado centenário a acolheu por compaixão e fez dela sua esposa.

Jorge não se importava com os comentários maldosos da vizinhança, mas a cobrança dos amigos passou a ser acirrada, um ano se passou até que ele decidiu oficializar o compromisso com Vanessa. Convidou alguns amigos e o juiz de paz que realizou ali mesmo, na grande sala, a cerimônia de casamento do estranho casal. Vanessa era uma mulher bonita e refinada, apesar de conhecer a dureza de ter vivido nas ruas da cidade de Belo Horizonte, seu corpo apresentava marcas por maus-tratos e a pequena Isabela se mostrava uma criança chorona e agitada na presença de estranhos. A menina estava para completar três anos, quando Jorge assumiu sua paternidade. Mas a menina evitava a presença dele, sentia medo.

Dessa união, cinco anos depois, nasceu Renato. O casal vivia bem apesar da grande diferença de idade, Vanessa cuidava com carinho da casa e do conforto de Jorge. Sentia gratidão e o respeitava, nada faltava para a família, Jorge era um funcionário público. Estimulou a esposa a voltar a estudar, pagou um curso rápido, o que deu a ela o diploma do ensino médio, o desejo de Jorge era que Vanessa tivesse uma profissão, insistiu para que ela cursasse uma universidade, mas não foi possível, quando estava estudando para o vestibular, ela engravidou e o sonho de Jorge foi adiado.

Desse dia em diante, Jorge perdeu a alegria de viver, mas não disse nada para a esposa, ele sabia que o filho que Vanessa esperava não poderia ser dele, Jorge era estéril. Quando moço, foi acometido por caxumba que se complicou. No início do seu primeiro casamento realizou vários tratamentos para tentar reverter o problema, mas não ouve mudança em seu quadro.

Jorge começou a evitar Vanessa até que Renato nasceu e trouxe de volta sua alegria. Ele assumiu a paternidade da criança. Renato teve em sua infância e adolescência a presença firme do pai. Jorge era um grande exemplo para o filho, ele mostrou valores morais e hombridade, que contribuíram para o caráter digno de Renato. Vanessa, muitas vezes, não compreendia o que Jorge tanto ensinava para o menino, mas não interferia na educação que o filho recebia.

Jorge desencarnou quando o rapaz estava deixando a adolescência, aos dezessete anos, ele sentiu muito quando o pai adoeceu. Vanessa e Renato tudo fizeram para que o doente ficasse confortável e recuperasse a saúde, mas isso não ocorreu, e Renato sofreu com a morte do pai.

Conseguiu um emprego na lanchonete e montou uma pensão no grande sobrado que seu pai lhe deixou de herança. Vanessa, sem a presença do marido, ficou desorientada. Não sabia como manter a casa, alimentar os filhos; aceitou a ideia de Renato para abrir a pensão, hospedando pessoas nos diversos quartos disponíveis da casa. Ali, no passado, fora moradia de nobre abastados, o pai de Jorge comprara a propriedade e deixou de herança para ele; os irmãos de Jorge herdaram as outras propriedades, que seu pai dividiu com igualdade entre todos os filhos.

Capítulo 11

Renato apesar de ser sensitivo, não percebeu que o espírito de Jorge estava deixando a velha casa naquela noite, ao lado de um amigo espiritual. Os dois retornavam para o astral depois de garantir que Rafael havia se hospedado na pensão de Vanessa. Jorge e Arthur, espírito que assumiu a incumbência de promover o encontro entre Vanessa e George que mudaria suas vidas para sempre, atravessaram a porta e saíram. Ambos sabiam que os espíritos superiores estavam dando mais uma chance para os seus protegidos se entenderem.

Os dois seguiram para o hospital para emanar energia positiva para Jaqueline. Jorge estava animado percebendo o poder que os espíritos superiores tinham de colocar as coisas em seus devidos lugares; interferiam na vida das pessoas, manipulando com sabedoria os acontecimentos, de acordo com as escolhas delas. Quando é para o bem, uma mãozinha de luz é sempre bem-vinda, mesmo que as pessoas não compreendam a intenção dos sábios espíritos. Jorge, diante de Jaqueline, comentou com Arthur:

— Tudo está caminhando para um bom desfecho. Estou empolgado com esse encontro, sempre temi que Isabela se perdesse novamente nesta experiência terrena. Ela precisa saber quem é seu pai.

— Não se empolgue tanto, meu amigo, os caminhos, às vezes, se cruzam de uma forma estranha, para o entendimento de muitos. Quando pediu ajuda para Vanessa e sua família, disse que não se importava de como faríamos as interferências para o reajuste entre todos os envolvidos. Poderá ficar chocado se mantiver essa postura mental terrena, do certo e do errado.

— Deixou-me assustado com esse mistério, o que tem em mente? Arthur, nossa Isabela precisa de uma lição forte para deixar de lado a luxúria?

— Não tem o que temer se olhar os desafios da vida das pessoas envolvidas com naturalidade e aprendizado para todos, nossa pequena Jaqueline se lançou neste mundo para que tudo retornasse ao seu eixo.

— Pobre Jaqueline, se doou inteira, não se importando com a dor que isso lhe traria.

— Jorge! Está enganado! Jaqueline precisava limpar seu corpo espiritual deixando o peso da doença que a acomete no corpo físico, pare de olhá-la como mártir nesta experiência!

— Desculpe, ao olhar para Jaqueline presa àquele corpo frágil e doente, fico condoído com seu estado. Eu me esqueço de que ela aceitou o plano dos espíritos superiores que dispõem do que precisamos para aliviar nossas feridas do passado. Jaqueline foi corajosa e tirará dessa experiência um grande aprendizado.

— Não tenha dúvida de que tudo é para o bem de todos, inclusive a cura dos males que Jaqueline somatizou levando para o astral. Quando retornar desta experiência, terá seu corpo sutil em perfeito estado, se controlar a mente.

— Somos infantis nesse ponto, se os encarnados soubessem a importância do controle mental para viver bem, não permitiriam que as chagas se instalassem em seus corpos. Somos feitos de energia cósmica, e a sintonia é importante, nos tornamos aquilo a que damos importância, carregamos chagas pesadas que aderem aos corpos e se transformam em doenças graves. Estou feliz por poder ajudar meus irmãos neste aprendizado. O remédio é amargo, mas é preciso engoli-lo para ficar bem.

— Meu caro Jorge, não fique penalizado com o estado de saúde de Jaqueline, não absorva esse peso. Mande energias salutares para ela e se desvencilhe desses visgos energéticos que não está percebendo, mas estão prestes a se aglutinar em seu campo energético. Apure mais suas percepções, deixe um pouco de lado o sentimento que o une a Jaqueline. Você passou do limite entre a compaixão e a complacência. Cuidado, Jorge, temos muito trabalho para ser realizado com esse grupo de encarnados. Não se perca, melhor se apressar para voltar ao astral, essa atmosfera está lhe fazendo mal. O Jorge que viveu na Terra precisa esquecer o passado e não deixar renascer em si as dificuldades que já foram superadas. Não é mais um ser humano, você é um ser espiritual. Aprendeu muito nesse período que está desencarnado.

— Aprendi, não desejo esquecer jamais que eu tenho valor e preciso estar em primeiro lugar. Expurguei no umbral esse peso do meu desvalor, queria ser bom com todos que me cercavam, mas me esqueci de ser bom comigo mesmo. Lição aprendida. A atmosfera deste planeta realmente mexe com nossos sentimentos e com nosso estado mental, que energia conturbada existe aqui!

— É por isso que aqui é uma grande escola para os espíritos, no astral existem os níveis que separam a forma de pensar dos espíritos, o pensamento é criativo, materializa no mundo espiritual, não podemos permitir que os planos de vibrações suaves sejam contaminados com pensamentos nocivos. Um espírito mais evoluído sobe para o próximo nível encontrando as belezas das cidades espirituais e as facilidades para se viver. Levarei você para excursionar em um plano mais elevado, sentirá a leveza, a beleza de uma cidade habitada por seres que controlam a mente e são cientes do poder que carregam perante a comunidade local.

— Estou curioso para ver essa beleza, dizem alguns amigos que realizaram essa excursão que nunca sentiram tamanha leveza de sentimento, afirmaram que nesse lugar todos são felizes o tempo todo, o sorriso brota radiante e constante nos lábios. Retornaram para a colônia maravilhados, desejando ter méritos para viverem naquela cidade.

— Você também pode alcançar o mérito de habitar uma cidade como a que descreveram, qualquer um pode, basta ter o nível educacional que os dirigentes determinam, além de leveza e alegria com responsabilidade. É por essa razão que não se deve carregar um peso desnecessário, se algo pesar em sua mente, a porta não se abrirá, o peso o deixará estacionado ou o fará descer. Também, por isso, não devemos fazer inimigos na Terra, nesta confusão de vibração.

— Jesus disse: "Fazei as pazes com vossos inimigos enquanto estiverem caminhando com eles". Esse é o remédio que precisam para apaziguar e acalmar seus sentimentos, e aliviar o peso desnecessário que impede a evolução.

— Às vezes, o remédio é amargo, e são necessárias muitas doses para a cura.

— Eu não disse que seria fácil, mas é preciso tomá-lo até a última gota. Quer ou não viver em um nível onde a felicidade é plena? Pegue leve, meu amigo, Jaqueline escolheu essa forma para ficar bem consigo e evoluir sem queda ao nível umbralino. Vamos contar para Sara que tudo segue na perfeição do plano dos espíritos superiores.

— Sara não compreenderá o que temos para dizer. Anda revoltada por deixar a Terra. Pobre Sara, quando recordar o acordo que assinou, se sentirá uma tola por se comportar dessa forma. A revolta a prende na densidade pesada.

Os dois deixaram a UTI neonatal e seguiram para o astral.

O espírito de Jaqueline observava o corpo infantil dentro da incubadora, Arthur deixou um presente em forma de luz, energia positiva para a frágil criança. Jaqueline despertou quando a enfermeira manipulou seu corpo físico delicadamente, a forma minúscula de seu corpo mais denso, presa na incubadora, estava ligada a um corpo espiritual adulto, abriu um sorriso espontâneo, a luz que recebeu também atingiu a bebê e as dores físicas foram amenizadas. A enfermeira ficou encantada ao notar um sorriso no rostinho da linda criança.

Capítulo 12

George saiu do hotel, desejava caminhar um pouco depois do jantar com as delícias da culinária brasileira, um tanto pesada para o costume americano. Ele deixou Olivia no quarto conjugado ao seu e desceu.

Olhou para o relógio que mostrava o adiantado das horas, vinte e duas horas e cinquenta minutos, estava sem sono e muito agitado por estar em um país com uma cultura tão diferente da sua. Pegou um táxi na porta do hotel, pediu para ser levado até uma boate de luxo.

O taxista falava inglês e compreendeu o que George desejava. Levou seu cliente para uma das mais caras e famosas boates de São Paulo, George pagou o táxi com dólares, deixando uma vultosa gorjeta que fez o motorista esperar por ele à porta.

George entrou esperando encontrar um lugar mal frequentado, não foi o que viu, os homens estavam bem-vestidos e desfilavam grossas correntes e pulseiras de ouro. Ele se sentou próximo ao palco, pediu uma dose de uísque e esperou o *show* começar.

Ficou boquiaberto ao ver a beleza das mulheres brasileiras que trabalhavam na noite, entre elas, estava Isabela, a dançarina, que havia deixado Belo Horizonte dois dias antes para substituir uma colega de profissão na casa paulistana;

eventualmente era chamada para cobrir a ausência de uma das dançarinas. Isabela dançou graciosamente, mostrando toda sua sensualidade. George estava enlouquecido, imaginando que Isabela fosse Sara, as duas eram muito parecidas, e por um momento ele se esqueceu de que ela havia falecido.

George se levantou da cadeira e, impetuosamente, tirou a moça seminua do palco, segurou o braço de Isabela com força e a puxando para si, dizendo entre dentes:

— Como pôde descer tanto, Sara, vamos voltar para casa! Você não é igual à sua mãe!

Isabela tentava se desvencilhar da mão do gringo que apertava seu braço, os seguranças chegaram e tiraram George, ele foi levado para fora da boate. Indignado, gritava que a moça era a sua filha Sara, e ele tinha o direito de levá-la dali.

O motorista, que estava na porta conversando com os seguranças da boate, reconheceu seu cliente e veio ao seu socorro, perguntando:

— O que está acontecendo?

Um dos seguranças, que deixou George na calçada, respondeu:

— Esse gringo maluco tentou tirar uma dançarina do palco, por pouco não feriu a moça.

O motorista começou a traduzir o que George falava, que queria entrar novamente na boate para levar Sara para casa. Repetia ao segurança o que George falava:

— Ele disse que a moça é filha dele. Pede para entrar e levá-la para os Estados Unidos.

— Este homem está louco, Isabela veio de Belo Horizonte, não é filha desse gringo. O homem é um devasso, leve-o daqui, despache esse louco na porta do hotel, se continuar aqui sofrerá agressões de todos os seguranças da casa. Isabela é uma mulher com muitos admiradores.

O taxista tentou explicar para George que a moça não era sua filha, tratava-se de uma brasileira de Belo Horizonte.

George tentava forçar a entrada na boate, a polícia foi chamada e ele foi levado para a delegacia.

O taxista retornou para o ponto à porta do hotel e contou para um amigo, que trabalhava na portaria, o que havia ocorrido com o gringo que havia pegado seu táxi. Em instantes, Olivia estava na porta do hotel em busca de um táxi que a levasse até a delegacia na qual seu pai estava detido. Olivia levaria o passaporte e pagaria a fiança.

O mesmo táxi a levou até a delegacia e ficou esperando do lado de fora. George estava agitado e furioso, desejava retornar à boate, buscar Sara e voltar para os Estados Unidos na manhã seguinte. Tiago, o taxista, foi chamado por um guarda para traduzir o que George falava sobre a garota de programa da boate de luxo.

Tiago explicou o que havia ocorrido na boate, Olivia não compreendia o que estava sendo dito. Logo, o taxista pagou a fiança em dólares e retornaram ao hotel. Chegando lá, Olivia tirou um maço de dólares da bolsa e entregou nas mãos de Tiago. Ele pegou apenas o valor da fiança de George e devolveu o resto para ela. Esse ato impressionou positivamente a moça, qualquer outro teria ficado com todo o dinheiro. Tiago era honesto e a moça apreciou sua atitude.

George não se conformava e insistia em voltar para a boate, em busca de Sara. Olivia, pelo pouco que teve contato com a meia-irmã, sabia que Sara não tinha perfil para ser garota de programa ou dançarina em uma boate de luxo. Pediu que o taxista os levasse novamente à boate, ela resolveria esse caso, o pai estava descontrolado.

Chegando lá, Olivia, por intermédio do taxista, conversou com os seguranças. George, a pedido da filha, ficou no carro. Uma hora depois, eles continuavam à porta da boate esperando para falar com Isabela. A entrada de Olivia não foi permitida, quando já pensava em desistir, viu Isabela deixando a boate, acompanhada por um jovem médico. Olivia ficou impressionada com a semelhança física entre Sara e a dançarina.

Isabela também notou certa semelhança entre ela e Olivia. Parou para ouvir o que a moça tinha para dizer. E foi Tiago quem traduziu a rápida conversa.

— Seu nome é Sara e você é americana? — perguntou Tiago depois de ouvir Olivia.

— Não sou, meu nome é Isabela e nasci em Belo Horizonte, não conheço essa Sara, me confundiram com ela. Quem dera fosse americana e soubesse falar inglês. Sou brasileira e vocês estão atrapalhando meu trabalho essa noite.

Tiago traduziu para Olivia as palavras de Isabela, agora ela olhava atentamente para a dançarina e descartou qualquer possibilidade de Sara estar viva e ser aquela mulher de trejeitos vulgares.

Tiago conhecia Isabela da entrada da boate, quando deixava alguns passageiros. Desde que a viu pela primeira vez, se apaixonou por ela, era um amor platônico que ele tentava arrancar do seu coração.

George desceu do carro e veio conversar com elas, diante de Isabela, que gesticulava vulgarmente, ele ficou pálido quando ouviu o nome da cidade onde ela nasceu, era a mesma cidade natal de Vanessa. Olhando para a moça, sem todas as luzes que estavam sobre ela, notou a incrível semelhança dela com Vanessa e Sara, teria caído na calçada se não fosse amparado pelos seguranças da boate. George foi colocado no táxi e o médico, que acompanhava Isabela, verificou seu pulso, o encaminhou diretamente para o pronto-socorro mais próximo, afirmou que a pressão arterial estava alta. Tiago esperou Olivia entrar no carro e partiram para o pronto-socorro.

Isabela estava furiosa quando soube que seu acompanhante a deixou para levar o gringo até o pronto-socorro. Ela retornou para a boate na esperança de ter tempo hábil para encontrar outro cliente. Na manhã seguinte voltaria para Belo Horizonte. Precisava de dinheiro, não era sempre que recebia um convite para dançar em São Paulo, os frequentadores da luxuosa boate eram generosos com ela, pagavam o programa deixando uma farta gorjeta.

***

George passou o resto da noite tomando soro, deitado em uma maca. Olivia, irritada, caminhou até o jardim do pronto-socorro para tomar um pouco de ar. Tiago continuava esperando por eles, o que era um alívio para ela, ninguém mais compreendia o que falava. O taxista estava sendo de grande utilidade, pensava ela.

Tiago era jovem, aparentava ter vinte e cinco anos, um belo rapaz, com um sorriso encantador, ele havia inspirado em Olivia confiança depois do episódio dos dólares. Os dois ficaram conversando até o sol despontar no horizonte e George ser liberado pelo médico que o atendeu.

Quando Olivia tentou acertar a conta no pronto-socorro, descobriu que o atendimento ao seu pai fora uma cortesia do médico, que estava com Isabela e os levou até a lá.

Pouco depois, Tiago deixou os dois à porta do hotel, entregando seu cartão para que Olivia contratasse seus serviços se precisasse de um taxista.

George estava pálido e muito cansado com toda aquela agitação. Olivia não percebeu que o pai estava assustado por ter à sua frente o fantasma do passado o atormentando novamente. Temia estar no Brasil, com receio de encontrar a mulher que o traiu e o fez sofrer por amor todos aqueles anos. Como poderia aquela moça ser tão parecida com Sara e com Vanessa? Essa pergunta não saía da mente de George. A tristeza o invadiu, ele tomou um banho e se jogou na cama, precisava dormir um pouco antes de seguir para a empresa em que Sara trabalhava.

Capítulo 13

Olivia, depois de cobrir o pai, seguiu para o quarto ao lado, mas deixou a porta que separava os dois cômodos entreaberta, estava atenta a George. Ela se deitou vestida como estava, não queria perder tempo se o pai precisasse de atendimento médico novamente.

Olivia não conseguiu adormecer, estava impressionada com aquela moça idêntica a Sara, ficou intrigada, talvez Isabela fosse irmã de Sara. Refletindo sobre o assunto, pensou em voz alta:

— Não tem como essa possibilidade ser verdadeira! A mãe de Sara morreu quando a menina completou quatro anos. Será que realmente havia morrido como contou papai? Que segredo ele esconde? O que aconteceu no passado naquela fazenda no Colorado? Preciso ficar mais atenta, se quiser descobrir esse mistério. Papai poderia contar a verdade sobre o que aconteceu com a primeira mulher. Sara é uma idiota em desejar dar à luz neste país. Se casar com um brasileiro não foi a melhor escolha da vida dela. Poderia estar nos Estados Unidos, casada com homem que daria a ela tudo de que precisasse. Jamais me casarei com um estrangeiro.

Olivia controlou seu pensamento e pegou no sono rapidamente. Era meio-dia quando ela acordou, chamou o pai verificando se ele estava bem. Os dois desceram para almoçar no restaurante do hotel. Saborearam a deliciosa comida brasileira e deixaram o hotel tomando um táxi para a empresa multinacional que Sara havia trabalhado.

George estava ansioso e ao mesmo tempo aflito para confirmar o que havia sido dito ao telefone dias atrás, por uma funcionária da diretoria que trabalhou ao lado de Sara. Estava esperançoso para ouvir que tudo não passou de um mal-entendido e que Sara estava viva em algum lugar daquele país.

Enquanto aguardavam para ser atendidos pelo diretor da empresa, Olivia, diante da secretária do diretor, teve a certeza de que a notícia da morte de Sara se confirmaria. Deixou o remédio de George fácil de encontrar dentro da bolsa.

Foram recebidos pelo diretor após dez minutos de espera. Olivia segurava a mão do pai entre as suas, lhe passando carinho e mostrando que o apoiava. Os dois se acomodaram diante do diretor, e ele, após saudá-los em inglês, usou um tom solene na voz, e não escondeu nada do pai aflito que procurava pela filha.

George tentou conter as lágrimas, mas foi inútil, elas caíram em abundância. Olivia obrigou o pai a tomar os comprimidos para o coração. Agradeceu o diretor que anotou o nome do hospital em Belo Horizonte para o qual Jaqueline foi transferida. Despediram-se cordialmente e Olivia auxiliou o pai na saída da empresa.

Chegando ao hotel, George pediu para fechar a conta, desejava seguir para Belo Horizonte para visitar a neta no hospital, no fundo desejava encontrar Sara ao lado da filha.

Olivia deixou o pai no saguão do hotel acertando a conta e subiu para fazer as malas, desceu e partiram do hotel, Tiago estava parado no ponto esperando o próximo cliente. Olivia o chamou e acertaram tudo para que ele os levasse a Belo Horizonte. Acertaram o valor do pagamento. Tiago se dirigiu rapidamente para sua casa, fez a mala e partiu em seguida, não havia ninguém para Tiago se despedir, sua mãe havia falecido.

Os três pegaram a estrada no final da tarde e Olivia se acomodou no banco da frente do confortável veículo, deixou o banco traseiro para que seu pai se deitasse quando se sentisse cansado.

Era madrugada quando chegaram a Belo Horizonte. George não permitiu que seguissem para um hotel, insistiu com Olivia para que se dirigissem imediatamente ao hospital onde estava sua neta Jaqueline. Ficaria ali esperando que Rafael aparecesse para dar explicações sobre a morte de sua filha. Estava furioso por não ter sido avisado antes.

Tiago parou o carro na frente do hospital e fez questão de ajudar Olivia e George a se comunicarem. Na recepção, se informou sobre as visitas à UTI neonatal onde estava Jaqueline. George se identificou como sendo o avô da paciente, o que lhe franqueou a entrada na UTI, mesmo sendo madrugada. George e Olivia olharam para a pequena bebê intubada, que dormia na incubadora.

George limpou o rosto com um lenço secando suas lágrimas, Olivia se condoeu com a bebê tão pequena, que sofria ligada a tantos aparelhos, e discretamente algumas lágrimas rolaram por seu rosto. Queria ser forte para mostrar ao pai que poderia contar com ela a qualquer momento, mas não suportou a imagem da pequena Jaqueline.

George compreendeu quando a enfermeira confirmou que a mãe da criança havia falecido no parto. Depois de visitar a neta, foi para a sala de espera e lá ficou aguardando por Rafael.

Olivia e Tiago se encontraram no jardim do hospital, ficaram conversando até o sol nascer. Olivia queria fazer uma reserva em um hotel, desejava tomar um banho e descansar um pouco, mas sabia que o pai não deixaria a sala de espera enquanto Rafael não aparecesse e eles pudessem conversar sobre Sara.

Temia que o pai cometesse algum desatino contra o cunhado, não queria que seu pai fosse preso em uma cadeia brasileira.

O movimento no hospital ficou mais intenso. Olivia pediu para que Tiago ficasse com ela na sala de espera, melhor que estivesse por perto caso ela precisasse de ajuda com o pai.

Eram nove horas quando Rafael e Lurdes saíram da pensão e seguiram para o hospital. Chegando à sala de espera, Rafael não notou a presença do pai de Sara sentado em uma das cadeiras. Eles não tiveram contato enquanto Sara estava entre eles, Rafael foi apresentado para o sogro no dia do casamento deles, depois daquele primeiro e único encontro, George apenas conversava com a filha pela internet ou pelo celular. George não gostava de viajar e deixar seus negócios no Colorado.

Rafael atravessou a sala e seguiu para o balcão de atendimento onde perguntou por Jaqueline. Foi informado de que uma junta médica estava examinando a criança e em alguns minutos dariam um parecer para o pai.

George olhava as antigas fotografias que Sara lhe enviava pelo celular para ter certeza de que o homem no balcão era Rafael Lemos. Quanto teve certeza, levantou-se e ficou parado atrás de Rafael, que registrou imediatamente o olhar acusador sobre seus ombros, se virou e ficou pálido quando George perguntou em inglês:

— Você é Rafael Lemos?

— Sim. O que deseja?

— Onde está minha filha Sara?

— Eu sinto tanto, Sara morreu no parto de nossa filha.

— Por que não fui avisado de sua morte?

— Perdoe-me, não tive cabeça para avisar a família de Sara.

Tiago e Olivia estavam ao lado de George, e Lurdes não estava compreendendo nada que falavam, perguntou ao filho:

— Quem são essas pessoas? Por que estão com raiva?

— Este é o pai de Sara. Fique calma, não devemos nada a eles.

Tiago chamou Lurdes para conversar traduzindo tudo que Olivia falava e vice-versa.

Lurdes contou em detalhes sobre a morte de Sara, e o estado de saúde de Jaqueline.

A vontade de George era dar vários socos em Rafael, mas se conteve notando a dor e sofrimento estampados no rosto do genro. Rafael contou a ele sobre a morte de Sara e toda sua dor ao descobrir que a filha não era uma criança saudável.

George compreendeu e ficou esperando a palavra dos médicos que examinavam Jaqueline.

Rafael foi chamado na sala do pediatra e todos o acompanharam. Tiago foi junto para traduzir as palavras do médico para os americanos.

O médico explicou sobre a doença que acometia a criança e a gravidade do caso. Os médicos chegaram à conclusão de que Jaqueline passaria por uma cirurgia de risco, para tentar controlar o fluxo de sangue que o coração bombeava em demasia e inundava os pulmões, que receberam drenos para retirar o sangue que retornava para o corpo através de máquinas.

Lurdes chorava, ciente de que a neta era muito pequena e não resistiria à cirurgia. Rafael ficaria muito abalado se perdesse Jaqueline. Ela sofria por ela e pelo filho.

Rafael autorizou a cirurgia assinando a papelada e George o apoiou depois que Tiago traduziu as palavras do médico para ele. Todos deixaram a sala do pediatra e seguiram para visitar Jaqueline na UTI. De alguma forma, cada um em sua crença, orava pedindo ajuda para a bebê ficar bem e sobreviver à cirurgia.

Até Tiago estava emocionado diante de tanta fragilidade e da luta que travava a criança para sobreviver naquele corpo minúsculo. Eles deixaram a UTI e seguiram para a porta do hospital. George desejou ficar ao lado do genro na mesma pensão. Queria estar atento ao dia e ao horário da cirurgia. Logo, todos foram para a pensão, Tiago seguia o carro de Rafael pelas avenidas movimentadas da cidade, até que estacionou ao lado de um casarão centenário.

Capítulo 14

Todos desceram dos carros, Olivia estava encantada com a construção no estilo colonial que enchia seus olhos, as janelas grandes nas varandas que circundavam a casa com balaústres de madeira. Porém, logo a moça notou a péssima conservação da casa. E por alguns instantes desejou ser a decoradora do velho casarão. Ela adorava arquitetura e amava tudo relacionado à beleza exterior e interior dos ambientes, mas decidiu estudar medicina por ser sua maior vocação. Entrar em uma casa centenária deixava Olivia eufórica. Imaginou como seriam os móveis antigos da casa, e, com seu celular, fotografou cada detalhe da parte externa da casa, não se esquecendo do beiral de madeira do telhado. George entrou na pensão por último, Vanessa estava feliz por receber mais hóspedes, com o apurado do mês, cuidaria dos seus cabelos com um bom cabeleireiro. Quando preenchia a ficha dos novos hóspedes, os olhos dela e os de George se cruzaram. Ela soltou um gritinho e ficou pálida como se estivesse diante de um fantasma. George sentiu um forte arrepio percorrer seu corpo e ficou estático diante de Vanessa.

Todos perceberam que havia algo estranho entre eles, Olivia deixou o balcão, se aproximou do pai para sentir sua pulsação e perguntou:

— Pai, conhece a senhora que está atrás do balcão? Está estático, o que aconteceu?

George retomou o fôlego e falou para a filha:

— Estou bem, foi apenas um susto, imaginei estar diante de uma pessoa que morreu há muito tempo. Não foi nada, Olivia, estou bem.

— Precisamos descansar desta viagem, vamos deixar nossas malas nos quartos, depois almoçaremos em um bom restaurante aqui por perto. — Olivia se virou para Vanessa e perguntou:

— Vocês servem almoço?

— Servimos, a comida é caseira. Sem grande variedade nos pratos.

— Ótimo, assim temos mais tempo para nos recompor e acalmar nossas emoções. Eu e papai almoçaremos aqui.

Tiago também reservou seu lugar na sala de refeições e um quarto, desejava descansar para depois retornar a São Paulo; Lurdes e Rafael fizeram o mesmo, e Lurdes pediu para capricharem na comida.

Vanessa estava trêmula, desejou estar enganada quanto àquele homem ser seu ex-marido, mas quando Tiago entregou a ela o documento de George, ela teve a certeza de que era ele. Suas pernas tremiam, não suportavam o peso de seu corpo, precisou sentar para não cair diante dos novos hóspedes. Lurdes percebeu sua palidez, deu a volta no balcão e conseguiu segurar Vanessa a tempo de ela não cair da cadeira e bater a cabeça no chão. Rafael ficou impressionado com a agilidade da mãe e perguntou:

— O que está acontecendo com ela? A mulher parece que viu um fantasma! Melhor chamar o filho dela na lanchonete.

Vanessa se recuperou do mal-estar e pediu para não incomodar Renato.

— Estou bem, não precisam se incomodar. Podem subir para os quartos.

Rapidamente, ela se levantou e entregou as chaves dos quartos que foram solicitados. Tiago levou as malas para os quartos esperando que Olivia escolhesse qual seria o dela e qual ficaria o pai. George subiu a escada contrariado, desejava sair daquela casa rapidamente, não suportava ficar diante de Vanessa, odiava aquela mulher que um dia ele quase matou.

Ele olhou para trás e cuspiu no chão enquanto subia a escada por último, ninguém percebeu seu gesto irreverente. Decidiu continuar na casa depois que notou a contrariedade de Vanessa em hospedá-lo. As emoções de George eram contraditórias. No primeiro instante, seu coração disparou dentro do peito, suas mãos ficaram suadas e trêmulas, descobriu que tanto sentimento de raiva e mágoa não haviam encobertos o amor que sentia pela brasileira inconsequente, amava aquela mulher como na primeira vez que a teve em seus braços. Desejou, em seu íntimo, beijá-la e levá-la para cama, saciando a saudade que o acometia durante dezoito anos, desde a última vez em que estiveram juntos.

Ele entrou em um dos quartos, Vanessa deixou a recepção e correu para a cozinha. Lá, se dirigiu à pia e lavou seu rosto, a água se misturava às lágrimas e ao desespero por estar diante do seu grande algoz! Estava apavorada, temia que George a matasse antes que o dia terminasse, como jurou e por pouco não concretizou sua promessa. Conhecia bem os métodos violentos que ele usava. Desejou sair correndo e desaparecer, mas como deixar Renato e Isabela desprotegidos e à mercê da vingança de George, agora estava nas mãos dele novamente.

Vanessa secou o rosto no pano de prato, suas pernas estavam trêmulas e ela precisou se sentar em uma cadeira. Naquele instante, recordou-se de que Isabela não poderia ser vista por George, ele descobriria que ela era sua filha por ser tão parecida com sua amada Sara. Passou as mãos na cabeça e pensou em Sara, a menina estava com quatro anos quando tudo aconteceu, era linda e muito inteligente, naquele momento desejou que o tempo voltasse e ela pudesse abraçar a filha novamente. Todos esses anos em que esteve longe de Sara, sofreu com sua ausência. Muitas vezes, sanava a saudade dela olhando para o rosto de Isabela, as duas pareciam ser gêmeas univitelinas. Entre elas, havia uma diferença de oito anos.

Um pensamento fez Vanessa estremecer e ela falou sozinha:

— Onde está Sara? Por que todos estavam com os olhos inchados como se tivessem chorado? O que está acontecendo? O que esse grupo de pessoas faz nesta cidade? Algo grave aconteceu com minha Sara para George se abalar até aqui. Meu Deus, preciso descobrir onde está Sara!

Naquele momento uma luz se fez presente, mas Vanessa não registrou a presença dos espíritos que lançavam sobre ela uma energia positiva, que a deixou mais tranquila e equilibrada. Sara, depois de muita insistência, foi trazida para visitar a mãe. Ela abraçou e beijou Vanessa várias vezes. Perguntou para o amigo espiritual que a acompanhou até ali:

— Por que ela não consegue registrar meu carinho? Arthur disse que eu descobriria toda a verdade nesta visita à Terra. Por que meu pai mentiu inventando que ela havia morrido em um acidente? O que aconteceu entre eles para que mamãe o temesse? Ele é um homem forte e decidido, mas não é violento. Preciso saber a verdade por detrás dessa grande mentira.

Logo, Isabela entrou na cozinha, seu rosto estava com a maquiagem borrada, os cabelos desalinhados e a roupa curta estava amassada e suja em diversos pontos.

Vanessa levantou a cabeça, olhou para Isabela e abraçou a filha perguntando:

— Você deveria ter avisado que ficaria longe de casa por duas noites. Senti a sua falta.

— Deveria estar acostumada com minhas viagens rápidas, meus clientes me solicitam e eu sigo ao encontro deles, este último me rendeu um bom dinheiro, mãe. Você está péssima! O que aconteceu aqui?

— Nada, estou trabalhando muito, temos muitos hóspedes.

— Não diga que alugou meu quarto também?

— Não, filha, mas sabe que não gosto que você se insinue para os hóspedes, não tem outra viagem para fazer essa semana?

— Compreendi, dona Vanessa, quer me ver longe de casa novamente. Mas, desta vez, não tenho nada marcado, ficarei aqui. Prometo ser discreta, a não ser que tenha algum milionário hospedado nesta pocilga, se tiver, eu não posso deixar os dólares para outra garota de programa.

— Cale a boca, Isabela, respeite meu estado, não vê que estou mal? Preciso que deixe a pensão, atenda meu pedido, é muito importante que deixe essa casa agora, Isa.

— Mãe, eu vou, mas estou cansada, acabei de chegar de São Paulo. Viajei a noite toda, como se uma coisa me chamasse para casa, pretendia ficar em São Paulo o resto da semana. Mas quando percebi, estava dentro do ônibus que deixava a rodoviária. Foi estranho!

Renato entrou na cozinha dizendo à irmã:

— Estranhas são as porcarias que você usa para ficar mais leve. O que tomou desta vez? Continua com os comprimidinhos nas baladas?

— Me deixa em paz, seu quadrado, eu sou livre e você não tem que falar nada, não uso seu dinheiro para sustentar meus vícios!

— Não briguem! Hoje não estou bem, e preciso preparar o almoço para muitos hóspedes. Renato não devia estar na lanchonete trabalhando?

— Deveria se não tivesse observado várias pessoas entrando em nossa casa, imaginei que eram hóspedes, deixei a lanchonete que estava com o movimento fraco, sabia que precisaria de ajuda, mãe. Não se preocupe, o dono da lanchonete me dispensou para o almoço, voltarei a trabalhar no final da tarde até o fim da noite.

— Que bom, preciso mesmo de ajuda, meu filho. Coloque o feijão no fogo, corra até ao mercadinho da rua, preciso de verduras frescas e carne.

— Como comprarei o que precisa? Não temos como pagar essa compra.

Isabela abriu a bolsa e jogou sobre a mesa várias notas amassadas de dinheiro. E falou:

— Está aqui o dinheiro, não diga que não ajudei, agora preciso dormir, faz dois dias que não durmo bem.

— Obrigada, filha, descanse e depois deixe essa casa. Não quero que os hóspedes a vejam.

— Ela pode espantar a todos com esse jeito vulgar de garota de programa. Essa pensão não será chamada de familiar se ela continuar aqui.

— Renatinho, meu irmãozinho, seus olhos me veem vulgar, mas tenho classe e sei me comportar como uma dama. Quer apostar?

— Não desperdiçaria meu dinheiro nesta aposta, o que você é está estampado em seu rosto, maninha. Não passaria por uma mulher fina da sociedade jamais.

— Parem os dois, não vamos começar outra briga. Renato, se apresse, preciso das compras para preparar o almoço. Isa, suba sem fazer barulho, tome um banho e durma o resto do dia, depois levarei um prato de comida para você em seu quarto, não saia de lá até a noite cair e os hóspedes estiverem dormindo.

Cada um seguiu para seus afazeres, Vanessa tomou fôlego e tentou se reequilibrar, prendeu os cabelos e deu início ao preparo dos alimentos.

Capítulo 15

Sara estava confusa observando Isabela que se parecia muito com ela, e perguntou para Arthur:

— Eu tinha uma irmã e não sabia? Essa moça é muito parecida comigo. O que está acontecendo aqui?

— Afirmo que nosso plano está correndo muito bem. Isabela e Renato são filhos de Vanessa, assim como você. Como pode ver, sua mãe não morreu quando você tinha quatro anos, o acidente que seu pai descreveu nunca aconteceu. Quero que me prometa que não deixará cair o nível de sua vibração quando eu contar toda a verdade. Se perder o equilíbrio e ficar agitada demais, seu corpo sentirá dores fortes e o sangramento retornará.

— Compreendo a importância de estar bem e equilibrada, Arthur. O mais estranho é sangrar se não sou humana.

— Sua mente é poderosa, Sara, seu espírito plasma esse sangue e você acaba se ferindo. Ainda é novata deste lado, quando compreender a força da mente no mundo espiritual sentirá o quanto é responsável por sua felicidade. Crie um bom ambiente nesta cozinha, conversaremos aqui, ou sua visita a Vanessa terminará logo.

— Quero ficar um pouco mais, sentia tanta saudade dela, por favor, saberei ouvir, me parece que minha mãe tem um passado obscuro que nos afastou. Preciso conhecer a verdade. Não quero ser juiz de ninguém, mas tenho o direito de saber por que vivemos afastadas.

— Vanessa tinha o comportamento como o de Isabela, era alegre e sedutora ao extremo. Ela era dançarina em uma boate famosa no Rio de Janeiro, depois que fugiu de casa e deixou os pais dela desesperados aqui em Belo Horizonte. Ela era menor de idade e consegui documentos falsos com amigos, pegou carona e chegou ao Rio de Janeiro. Algum tempo depois, já tinha dezoito anos quando conseguiu dinheiro para ir ao exterior. Atravessou a fronteira do México e entrou ilegalmente nos Estados Unidos. Conseguiu emprego como dançarina em uma boate em Nova Iorque. E foi lá que conheceu um jovem americano, do Colorado, filho de fazendeiros, que passava férias na cidade grande. George se encantou com o rebolado da brasileira. Quando terminou o período de férias, George levou Vanessa para sua casa, um mês depois os dois estavam casados e sete meses depois você nasceu.

— Ela era garota de programa?

— Sim, Vanessa nunca foi dessas mulheres cheias de pudores. Ela sempre deu muito valor à alegria e à liberdade. O casal não foi aceito pelos pais de George. Ele resolveu deixar a vida no campo e foi viver na cidade com Vanessa, trabalhou duro, comprou uma casa confortável para as duas mulheres de sua vida. Viviam bem até que...

— Minha mãe deixou transbordar a paciência de meu pai com suas manias estranhas? Eu me recordo de que ela gostava de caminhar nua pela casa, entre outras manias esdrúxulas.

— Vanessa sempre foi muito autêntica. O que posso dizer é que George era um homem muito ciumento, não compreendia o desejo de liberdade da esposa. Uma noite, Vanessa saiu de casa, enquanto George estava trabalhando fora da cidade, ela recebeu um convite de uma amiga para uma festa de aniversário. Contratou uma babá para que cuidasse de você. Ela gostava de dançar e receberia um cachê se apresentando para o aniversariante com o rebolado comum entre os sambistas brasileiros. Ela vestiu seu biquíni de lantejoulas e foi dançar na festa.

— Eu me recordo daquele dia, ela estava linda, cobriu o corpo com um roupão, me deu um beijo e se foi, nunca mais voltou. Papai afirmou que ela sofreu um acidente de carro e morreu. Acreditei nele todos esses anos, senti tanta saudade dela. Adorava a alegria de mamãe, estava sempre sorrindo e me fazia sorrir. Papai sempre foi mais carrancudo.

— Naquela noite, George chegou da viagem de trabalho e a babá contou como Vanessa estava vestida, quando saiu de casa. Ele encontrou o endereço da festa em uma anotação que ela havia deixado na agenda, sobre a mesa da sala. Ele foi atrás dela e por pouco não a matou na frente dos convidados. George deixou a esposa nua, expondo-a para todos, espancou Vanessa. Ela foi levada para o hospital por amigos.

— Ela não tentou voltar para casa depois que se recuperou?

— George jurou que a mataria. Ela descobriu que estava grávida e temia pela vida da criança, tentou falar com o marido por telefone, mas ele a insultava e a impediu de retornar para casa. Logo, ficou sabendo que Vanessa estava grávida e tinha certeza de que a criança não era dele. Jurava que tinha sido traído todos os anos que estiveram juntos.

— E ele foi traído?

— Vanessa sempre foi uma mulher fogosa, mas não traía George, ela o amava, ele foi seu único e verdadeiro amor.

— Desculpe, estou julgando minha mãe sem conhecer a verdade, perdoe-me, não tenho esse direito, Arthur. Continue, por favor.

— Vanessa não teve outra saída, a não ser retornar ao Brasil. George com seu ciúme encontrou vários amantes para a esposa. Cada homem que teve contato com ela, mesmo os que prestaram serviços na casa do casal, ele acusou de ser amante dela. Ela tentou levá-la consigo para o Brasil, mas George desconfiou e a entregou para sua tia que morava em outra cidade. Vanessa foi procurar George querendo saber sobre o seu paradeiro, mas ele não contou para onde tinha levado a filha. George deixou a cidade, se mudando para Denver, se relacionou com Virginia e teve duas filhas.

— E mamãe, veio para o Brasil e foi procurar sua família?

— Sim, ela tentou se reaproximar dos pais, estava grávida e não tinha para onde seguir.

— Foi bem recebida?

— De modo algum. Vanessa foi enxotada como um cão.

— O que ela fez? Estava grávida e não tinha onde morar!

— Viveu nas ruas de Belo Horizonte até que um bom homem acolheu as duas, mãe e filha. O dono desta casa e pai de Renato. Quero que conheça Jorge Arruda.

Uma luz forte se fez presente na cozinha da velha casa e Sara forçou a vista para ver quem era. Seu coração disparou quando ficou diante de um jovem de bela aparência, ela teve a certeza de que o conhecia de algum lugar no passado, de suas memórias ainda confusas, trancafiadas nas gavetas de sua mente espiritual. Ela olhou nos olhos de Jorge e afirmou sorrindo:

— Eu conheço você!

Ele sorriu mostrando duas covinhas nas bochechas que o deixavam ainda mais jovem e falou:

—Também a conheço, querida Sara. Não force sua memória, ainda não está pronta para relembrar de todo o nosso passado. Tenha paciência, deixe que as lembranças venham no momento certo.

— Agradeço por acolher minha mãe, ela deve ter sofrido muito, vagando nas ruas, pobrezinha, se tornou uma pedinte. Por um mal-entendido, um amor verdadeiro acabou em drama. Papai me abandonou e eu fui uma das mais prejudicadas nessa história toda, fiquei sem mãe e sem pai.

— Não se queixe, Sara, teve um lar que a abrigou, recebeu o carinho de sua tia, seguiu seu caminho e trouxe para este planeta o elo que faltava para unir todas as peças deste quebra-cabeça de sentimentos e emoções, que teve início em uma experiência do passado, onde todos estávamos juntos. A pequena Jaqueline trouxe todos para a mesma casa e assim, a vida pode agir e colocar tudo em seus devidos lugares. O amor verdadeiro não morre com a distância; ele supera todos os obstáculos. Este é nosso objetivo nesta missão, despertar nas pessoas o amor que continua adormecido nos corações dos envolvidos. Convido você para colaborar com a missão de amor que ameniza as feridas e une por laços verdadeiros as pessoas que devem seguir a estrada de mãos dadas.

— Aceito o convite, conheço bem o sentimento que une Vanessa e George, quero colaborar para que tudo caminhe para o melhor. Desta forma, sinto que ajudo minha pequena Jaqueline, que se doou para essa missão.

— O laço maternal deve estar sempre presente, Sara. Olhe para Jaqueline com esse amor, aconteça o que acontecer.

— Compreendi, eu e Jaqueline estamos muito envolvidas nesse passado, sinto-a como minha filha amada e isso não se modificará, prometo.

— Podemos voltar para a colônia agora, manteve o equilíbrio, passou no primeiro teste. Os espíritos para evoluir são sempre testados, o próximo passo será desvendar o passado e não ter sentimentos negativos. Se conseguir, será transferida da colônia para viver no primeiro plano espiritual, encontrará uma cidade bela, que oferece conforto, tecnologia e aprendizado. Seus primeiros passos no caminho da evolução, Sara.

— Estou feliz por saber que tenho oportunidade de progresso. Quero muito aprender para ajudar Jaqueline. Sofro em vê-la presa àquele corpinho frágil.

— Nossa amada irmã Jaqueline estará conosco em breve. Quer aprender, Sara, estique suas mãos sobre a cabeça de Vanessa, coloque seu sentimento por ela em suas mãos na forma de energia positiva, e lance. Vanessa registrará seu amor e ficará mais equilibrada para prosseguir seu dia.

— Ajudarei vocês com essa energização, esse almoço precisa ser saboroso para que os hóspedes continuem as refeições aqui. George tem que despertar seus sentimentos através desse sabor que o remete ao passado, onde ele foi feliz nos braços de sua amada Vanessa.

— Depois dizem que cupido não existe! Arthur é o cupido e sua flecha é de luz.

— Não sou o cupido, este não é nosso intuito, Sara. Sou apenas um espírito engajado em uma missão de paz e harmonia. Deixaremos nesta casa todo o amor que pudermos antes de voltar para o astral.

— Arthur, posso ir ao andar superior e dar um beijo em Rafael?

— Falando de amor... Suba, Sara, dê um beijo em seu amado e nos encontre no quarto de George, ele também precisa de um banho de energia positiva para limpar os traços de mágoa que separam os dois teimosos. Vanessa e George precisam se entender, ficando em harmonia um com outro.

Capítulo 16

Diante de Rafael, Sara observou que ele estava abatido e envelhecera vários anos em poucos dias que se passaram, desde o seu parto e desencarne. Apiedava-se de seu estado de preocupação com Jaqueline, a presença física da filha representava para ele um forte elo que o aproximava da mulher que amava. Perder Jaqueline seria como perder Sara novamente.

Sara beijou o rosto e os lábios de Rafael várias vezes, falou ao seu ouvido com voz suave, ele não registrou suas palavras.

— Meu amado, fique firme, não se preocupe com nossa filha, ela não ficará muito tempo neste planeta. Cumpriu sua missão na Terra, nós demos a ela a oportunidade de unir dois seres que se amam verdadeiramente e reestabelecer a saúde de seu corpo espiritual. Deixe-a partir, Rafael, olharei por ela. Fique na paz, amor. Seja forte, eu te amo e estarei sempre com você.

Rafael sentiu o perfume que Sara usava, estava terminando de arrumar alguns papéis do desligamento da empresa que trabalhou, olhou em direção à janela e se assustou quando viu a silhueta de uma mulher deixando a varanda e seguindo para o quarto ao lado. Rafael deu um pequeno pulo para trás e acabou assustando Lurdes, que saía do banheiro.

— O que foi, filho? Parece que viu um fantasma!

— Eu vi, mãe. Penso que foi um aviso... Algo de ruim acontecerá com minha filha, não posso permitir que a cirurgia se realize. Vou para o hospital rasgar a autorização que assinei.

— Filho, Jaqueline está sofrendo, também sinto um aperto forte em meu peito, minha neta nós deixará. Infelizmente, ela nasceu para ficar pouco tempo entre nós. Compreendo as palavras de dona Sonia Tavares, do centro espiritualista.

— Não recordo que ela tenha falado algo a respeito. O que ela disse?

— Uma frase que não sai da minha mente: "Existem momentos de dizer adeus e momentos de estar juntos." Ela falava em dizer adeus a Jaqueline, infelizmente.

— Gostaria de conversar com dona Sonia novamente, senti a presença de Sara neste quarto e veio essa certeza de que perderia minha filha para a morte.

— Meu Deus! Será que Sara está perdida novamente? Continua presa na Terra?

— Não sei, sinto tanta saudade de Sara. E tenho certeza de que ela estava em pé na varanda olhando em minha direção. Às vezes, penso que vou enlouquecer!

— Mantenha a lucidez, meu filho, você é um homem forte e equilibrado, acredito que precise estudar um pouco sobre espiritualidade, vou perguntar a Vanessa se ela conhece algum centro espírita aqui por perto. Deite-se um pouco e descanse, volto logo.

— Não consigo mais ficar aqui parado, preciso encontrar trabalho. A presença de George me deixa nervoso! Esse homem estava tão afastado da vida de Sara e agora vem cobrando explicações como se eu fosse o responsável pela morte dela. Atrevimento dele me acusar com aquele olhar duro. Notou como ficou quando entramos na pensão?

— Notei que ele se transformou ao olhar para a dona da pensão, acho que os dois se conheciam. Ela também ficou nervosa a ponto de passar mal. Talvez não fosse com você que seu sogro estava nervoso.

— Será que ele conheceu dona Vanessa? Mãe...! O nome dela é Vanessa, como o nome da mãe de Sara que era brasileira de Belo Horizonte...

— Será que é ela a mãe de Sara?

— Não pode ser! A mãe de minha mulher morreu quando ela era criança! Se bem que Sara contava que não foi no sepultamento de sua mãe. Ficou na casa da tia que acabou criando-a.

— Quantos anos tinha Sara quando a mãe morreu?

— Quatro anos, se me recordo bem.

— Não era tão pequena, por que não a levaram para se despedir da mãe? Pela reação de seu sogro, ele conhece Vanessa, com certeza, e pela reação dos dois não foram grandes amigos não. Talvez a mãe não tenha morrido e sim deixado o marido por algum motivo que não sabemos.

— É coincidência demais! Estamos fantasiando demais, mãe, George ficou nervoso e veio se hospedar aqui para ficar de olho em meus passos.

— No início, talvez fosse esse o motivo que o trouxe até aqui. Mas olhando para a pobreza desta pensão teria nos deixado e procurado um hotel à sua altura para se hospedar, não concorda?

— Ele tem dinheiro para bancar uma hospedagem em um hotel cinco estrelas ao lado do hospital. Sara contou que o pai herdou grande parte de uma fazenda no Colorado que pertencia aos avôs dela. Ele tem dinheiro sim.

— Contratou até um motorista de táxi de São Paulo como tradutor. Não percebeu o estado em que Vanessa e ele ficaram quando se viram? O gringo ficou vermelho e suava, pensei que desfaleceria ali mesmo. Ela não resistiu e caiu, a mulher suava frio! Aí tem coisa, filho. Fique no quarto que vou descer para falar com ela. Se essa mulher teve alguma ligação no passado com esse gringo eu descubro hoje. Quanto à presença de Sara, vamos conversar com alguém que possa nos ajudar a levar Sara para o mundo dos espíritos novamente.

— Mãe, não dê uma de alcoviteira com a dona da pensão, não temos para onde ir se formos despejados, ainda não recebi o pagamento da empresa em que trabalhava, estou com pouco dinheiro.

Lurdes deixou o quarto e Rafael se colocou em pé na sacada do velho casarão, olhou a rua, apreciando o movimento, quando na varanda do quarto ao lado uma moça apareceu vestida com um shortinho e uma miniblusa, falando ao celular.

Rafael por pouco não caiu lá embaixo, a moça era muito parecida com Sara, um muro baixo separava as varandas dos quartos. Ele tentou tocar nos cabelos de Isabela, que não percebeu sua presença, ela estava encostada na porta entre o quarto e a varanda, distraída, falava no celular com um amigo. Rafael se esticou para pegar os cabelos escuros e longos dela imaginando ser Sara. Quando conseguiu tocá-la, Isabela se assustou e se virou, ficando de frente com Rafael, que havia pulado a mureta que dividia as varandas.

— Olá, bonitão, me assustou! Gostou do material?

— Sara! É você?

— Outro maluco me confundindo com essa Sara. Ela deve ser muito parecida comigo. Não sou ela, queridinho, meu nome é Isabela.

— Como pode ser?

— Você não é o primeiro que me confunde com essa Sara. Talvez tenha uma irmã gêmea que fica entre São Paulo e Belo Horizonte. Preciso perguntar para minha mãe se ela não perdeu essa Sara na maternidade.

— Olhando de perto, você não é minha amada Sara. É mais jovem que ela, mas muito parecida com minha falecida esposa.

— Ela morreu! Deixou esse gato louro sozinho, se quiser eu posso me passar por ela para você matar a saudade de sua falecida esposa. Não cobrarei muito caro por alguns encontros, gatinho.

Rafael se assustou com as palavras de Isabela e seu jeito vulgar. Pulou de volta a mureta dizendo:

— Desculpe a invasão em seu quarto, definitivamente você não é Sara, respeito a memória de minha mulher, se mantenha afastada, não quero seus serviços.

— Tudo bem, mas eu poderia fazer você enlouquecer de prazer, tolinho. Curta sua viuvez, fique solitário esperando passar o período de luto. Tenho uma informação para você, gato, sua Sara não retornará dos mortos para aliviar sua dor. Te ofereci carinho a um preço razoável.

— Me deixe em paz, sua ....

— Não precisa ofender, estava quietinha em meu quarto, falarei para minha mãe mandar esse hóspede embora. — Isabela falava com voz alterada para que Rafael ouvisse do seu quarto. E ele ouviu e ligou alguns fatos, voltou para varanda e perguntou a ela:

— Você é filha da dona da pensão?

— Se interessou pela minha mãe, gatinho louro! Gosta de mulheres mais velhas? Dona Vanessa não faz programa, querido, é uma mulher séria. Não crie expectativas a esse respeito, ela nunca fez esse tipo de programa, é quadrada.

— Você confirma que Vanessa é sua mãe?

— Confirmo, você é estranho, o que mais quer saber antes de irmos para a cama, gatinho, quer saber quem é meu pai?

— Quero!

— Não sei, fui criada pelo pai de meu irmão, esse sim era um bom homem. Gentil e muito honesto o velho Jorge.

— Jorge era americano?

— Não! Ele era um caipira, mineiro. Deixou essa casa para meu irmão, e eu fiquei sem a herança do velho. Quantas perguntas, ainda não se convenceu de que não sou essa Sara?

— Sei que não é ela. Mas pode ser irmã dela.

— Sara era americana e tinha um pai rico?

— Sim.

— Eu não teria a mesma sorte, sou filha de pai desconhecido, qualquer um pode ser meu pai, a vida não me daria um pai gringo e cheio da nota. Ele deve ser um pobre, caipira como o velho Jorge.

— Devo estar ficando louco, desculpe, às vezes deixo minha imaginação correr solta e me pregar peças. Você é tão parecida com Sara que poderiam ser irmãs. Deixarei você em paz, desculpe...

— Sou Isabela. Se mudar de ideia, pode pular a qualquer hora para meu quarto, gatinho. Sei ser discreta e não cobro muito por um bom serviço. Quer voltar a sorrir, viúvo?

— Não me provoque, menina. Sou homem e meu ponto fraco é por mulheres bonitas. Mas não gosto de garotas de programas.

— Preconceito de sua parte. Somos discretas e muito profissionais.

— Você realmente gosta de ser garota de programa?

— Gosto de sexo, tive um sonho de me formar em engenharia, mas não tenho dinheiro para pagar uma universidade particular, e não sou inteligente o bastante para entrar em uma universidade pública. Estudei muito para ser aprovada no vestibular de uma universidade pública, não consegui. Morei em uma república e fiz amizades que me colocaram nesta vida. Frequentei muitas boates nesta cidade.

— Sua mãe permitiu que se perdesse dessa forma?

— Pobre mamãe, tentou me fazer uma boa menina, mas precisávamos de dinheiro para viver, essa pensão dá despesas para manter as portas abertas. Ou trazia dinheiro para casa ou morreríamos de fome neste casarão velho caindo aos pedaços. Nunca fui santa, gatinho, como todo mundo, eu gosto e preciso de dinheiro, esse foi o modo de conseguir me sustentar e ajudar minha família. Todos nós temos histórias tristes para contar, qual é a sua?

— Tenho uma filha recém-nascida morrendo no hospital, e perdi a mulher que amava no parto, perdi minha casa, e emprego. Não sei o que fazer para salvar minha filha da morte.

— Ok! Compreendi. Sua história é triste, eu sinto muito pela morte de sua mulher, desculpe pelas brincadeiras. Se puder ajudar, conte comigo, sou boa ouvinte.

— Agradeço, Isabela, vou me apresentar, meu nome é Rafael Lemos.

— Isabela Nogueira, filha de Vanessa Nogueira Arruda e pai desconhecido, irmã de Renato Nogueira Arruda, a seu dispor.

Os dois sorriram apertando as mãos.

Rafael deixou a varanda e Isabela entrou em seu quarto, se jogando na cama e atendendo a chamada no celular que insistia em tocar.

Capítulo 17

Vanessa estava atrapalhada para preparar o almoço na cozinha, foram muitas emoções contraditórias; ao mesmo tempo em que sentiu medo de George, também sentiu que seu amor por ele ainda continuava vivo em seu coração.

Ela tentava se organizar entre tantos afazeres na cozinha, logo seria a hora de servir o almoço. Para sua surpresa, Lurdes entrou na cozinha oferecendo ajuda:

— Sou rápida para cozinhar, dona Vanessa, não tenho nada para fazer e não gosto de ficar sem trabalhar. A senhora tem muitos hóspedes hoje, se permitir, posso ajudá-la. Sente--se melhor?

— Estou bem, agradeço a ajuda, mas não fica bem uma hóspede descer até a cozinha para preparar os alimentos que servirei.

— Sou pessoa simples, Vanessa, gosto de cozinhar, aceite minha ajuda, sei que não está bem de saúde hoje.

— Realmente não estou bem-disposta, às vezes, a vida nos apresenta grandes surpresas. Aceito sua ajuda e agradeço por ela, se tivesse condições financeiras, contrataria uma ajudante de cozinha.

— Vamos trabalhar com o que temos nas mãos, quem sabe um dia sua singela pensão não se transforme em uma grande pousada. Esta casa é linda e antiga.

— Esse é o problema, antiga demais, a casa precisa de uma reforma urgente para funcionar corretamente. Eu e meu filho fazemos o que está ao nosso alcance para receber os hóspedes.

Vanessa estava picando cebolas, quando se distraiu e cortou o dedo. Não foi um corte muito profundo, mas sangrou bastante. Lurdes se assustou, pegou um pano de louça e ajudou a estancar o sangue.

— Sente-se um pouco, a culpa foi minha. Fiquei conversando com você e acabei a distraindo. O corte foi profundo.

— Você não tem culpa alguma, estou um tanto aérea hoje. Não foi nada. Colocarei um curativo e logo vai parar de sangrar. Pode pegar uma luva descartável naquela gaveta? Tenho que continuar o trabalho.

— Vamos cuidar desse corte primeiro, depois terminarei de preparar o almoço, sou boa cozinheira, os hóspedes gostarão do meu tempero mineiro.

Lurdes tentou, mas o sangue não estancava. O pano estava tingido de vermelho e o chão respingado, causando uma péssima impressão. As duas estavam aflitas, quando George entrou na cozinha desejando conversar com Vanessa. Ele olhou para as mãos dela, examinou o corte e voltou a cobri-lo. Logo depois, abriu os armários procurando por algo. Vanessa não teve coragem de perguntar o que ele estava procurando, deixou que vasculhasse todos os armários, até que ele encontrou açúcar, e jogou um punhado sobre o corte, o sangue estancou imediatamente.

Ele então pegou um pano limpo que encontrou em uma das gavetas do armário e enrolou na mão de Vanessa. Olhou em seus olhos e disse:

— Preciso falar com você agora.

— Não posso, tenho de preparar o almoço dos hóspedes.

— Mande entregar o almoço, eu pago, quero terminar uma conversa que deveríamos ter acabado há dezoito anos.

— George, esse não é o momento, não esperava que entrasse pela porta depois de tanto tempo, não estou bem, conversaremos mais tarde.

Nesse momento, o espírito de Jorge influenciava Isabela para deixar seu quarto e descer até a cozinha. Ele falou próximo ao seu ouvido:

— Está com sede, quer tomar um copo de água gelada, desça até a cozinha e sacie sua sede.

Isabela registrou as palavras sugestivas do padrasto como se fossem suas. Sua garganta ficou seca e ela, mesmo olhando para uma garrafinha de água mineral que estava do lado de sua cama, não resistiu à insistência das palavras do espírito. Levantou-se da cama, calçou os chinelos e saiu do quarto. Na imagem mental de Isabela, ela via um copo de água com gelo e a vontade se tornou incontrolável. Muitos espíritos agem dessa forma para influenciar os encarnados desavisados, que não percebem que estão sendo manipulados. A diferença era que Jorge era um espírito mais evoluído e com um propósito positivo dentro da missão que ele executava naquele grupo. Até aquele momento, não havia sido muito fácil reunir todos os envolvidos no mesmo lugar; trazer George e Olivia para o Brasil não foi tarefa fácil. Para levar Rafael e Lurdes para Belo Horizonte foi elaborado um plano no astral com muitos detalhes dentro das probabilidades do livre-arbítrio de cada um escolher o contrário.

George estava segurando a mão de Vanessa e terminando a última frase, olhando nos olhos dela e sentindo forte emoção, quando Isabela entrou na cozinha.

George se assustou com a presença dela, a semelhança entre mãe e filha era evidente, para ele, estava vendo Sara à sua frente. Isabela, distraída, entrou na cozinha e pegou um copo no armário de louças, abriu a geladeira e se serviu de água para saciar sua sede. Depois, ela registrou a presença do estrangeiro que segurava a mão de sua mãe. E ela perguntou:

— O que está acontecendo? O que esse homem faz aqui, mãe?

— Isabela, eu lhe pedi para ficar em seu quarto! Por que desceu?

Vanessa retirou a mão que George apertava entre as suas. Seu rosto ficou vermelho e ela precisou se sentar para não cair. Lurdes percebeu o estado debilitado da jovem senhora e foi ao seu socorro. Ela colocou Vanessa em uma cadeira e abanou o rosto dela com um pano. Logo, indagou:

— O que está sentindo? Acho melhor seguirmos para o pronto- socorro, você não está bem.

— Desculpe, mãe, não queria perturbá-la dessa maneira, estava com tanta sede que precisei descer.

— Tudo bem, Isabela, agora volte para seu quarto, depois conversaremos.

— Cortou o dedo! Melhor subir comigo para fazer um curativo ou não teremos almoço hoje. Pode me explicar o que esse gringo faz nesta casa?

Foi a vez de Lurdes indagar:

— Você o conhece?

— Conheci esse tarado ontem em uma boate em São Paulo. Sou dançarina e trabalho em diversas cidades. Ele tentou me agarrar me chamando de Sara. Foi o que consegui compreender. É maluco esse gringo!

— Fique calada, Isabela e saia daqui. Você também, George, me deixe em paz! Não tenho mais nada para falar com você.

Isabela ficou pasma, e exclamou:

— Não sabia que falava inglês, mãe!

— Tem muita coisa que não sabe a meu respeito.

George puxou uma cadeira e se sentou ao lado de Vanessa, perguntando:

— Ela é minha filha?

— O que você acha? Se parece com quem?

— Com Sara. É minha filha? Preciso ouvir de sua boca.

— Quando me expulsou de seu país estava grávida de Isabela. Ela é sua filha. Não tenho por que esconder a verdade.

— Você me traiu naquela festa?

— Nunca o traí, seu idiota ciumento, arrogante. Tirou suas conclusões, não me deixou explicar o que estava fazendo vestida de passista de escola de samba. Eu estava me apresentando para poder comprar um presente especial para o pai de minha filha. Onde ela está?

George sentiu naquele instante todo o peso de sua intransigência exacerbada, havia tirado conclusões condenando a mulher que ele amava e a expulsando de sua vida. Ele se levantou, dizendo:

— Diga a ela que sou seu pai, quero poder dar um abraço em minha filha.

Vanessa falou em português para Isabela entender o que estava acontecendo e explicou sem muitos detalhes que viveu nos Estados Unidos e que aquele gringo, como ela se referia a George, era seu pai. Isabela não acreditou no que ouvira, se assustou quando George se aproximou e a abraçou, erguendo-a no ar.

— Mãe, esse maluco tarado é meu pai? Me solta, velho babão! Vocês estão loucos? Que passado é esse que nunca me contou?

Naquele momento, Renato entrou na cozinha trazendo as compras para a mãe preparar o almoço. Ele se assustou vendo o pano sujo de sangue jogado no chão ao lado da mãe, a mão enrolada com outro pano com manchas vermelhas, e Isabela nos braços do hóspede americano. E Lurdes estava no fogo mexendo as panelas.

— O que está acontecendo aqui? Solte minha irmã agora!

— Calma, filho, está tudo bem. Este homem é pai de Isabela. Preciso revelar meu passado, nunca contei que vivi nos Estados Unidos e fui casada com um homem que me expulsou de sua vida por um ciúme doentio. Tive duas filhas, a mais velha é Sara e a outra, Isabela, ele não ficou sabendo de sua existência. É isso que está acontecendo aqui.

Foi a vez de Lurdes ficar boquiaberta quando ouviu essa revelação e ela falou:

— Você é a mãe de Sara? A avó de Jaqueline!

— Conhece Sara?

— Não tive a oportunidade de conhecê-la, sinto muito, sua filha nos deixou há alguns dias, meu filho era casado com Sara.

— Eu tinha outra irmã? — perguntou Renato incrédulo.

Vanessa acabou desmaiando quando ouviu a verdade sobre a morte de Sara. Lurdes deixou as panelas no fogo para auxiliar Vanessa. George, que estava ao lado de Isabela, não compreendeu as palavras de Lurdes em português. Renato pegou a mãe nos braços e a levou para a sala, deitando-a no sofá.

Ouvindo o barulho que fizeram na cozinha e na sala, Rafael, Olivia e Tiago desceram para ver o que estava acontecendo.

Todos ali reunidos não percebiam a presença dos espíritos de Sara, de Jorge e de Arthur, que lançavam sobre eles energias positivas para amenizar a vibração pesada que tomava conta do ambiente.

Lurdes explicou para Rafael e Tiago o que estava acontecendo ali, e Tiago traduzia para que Olivia compreendesse o porquê da palidez do pai. Renato, que decidiu levar a mãe para o pronto-socorro, pediu para Rafael uma carona.

Quinze minutos depois, todos estavam no pronto-socorro do hospital que Jaqueline estava internada, aguardando notícias do estado de saúde de Vanessa, na sala de espera.

Capítulo 18

Isabela olhava para Olivia que parecia ter a mesma idade que ela. Não compreendia como aquela moça bonita e refinada poderia ser sua meia-irmã. Curiosa, queria saber qual a aparência de Sara, a irmã que estava morta. Aproximou-se de Rafael e perguntou:

— Vocês me confundiram com Sara, agora ficou claro que sou parecida com ela, gostaria de ver uma foto dela, você tem aí?

—Tenho sim — Rafael pegou o celular do bolso e na tela inicial estava Sara, sorrindo ao lado dele, grávida. Isabela pegou o celular e admirou a imagem idêntica à sua.

— Realmente, éramos muito parecidas fisicamente. Os cabelos, cor dos olhos, tom de pele, tudo é muito parecido. Queria ter a oportunidade de conhecê-la. E quanto a essa outra — Isabela apontava discretamente para Olivia que estava sentada do outro lado da sala de espera. — Sara e ela eram unidas?

— Não, conheci a esposa e as filha de meu sogro no dia do meu casamento com Sara. Morávamos em estados diferentes, não havia contato ou qualquer afinidade entre as irmãs. Sara foi criada por uma tia, irmã de George. Quando se formou no colégio, Sara deixou o Colorado para estudar e trabalhar em Nova Iorque, foi lá que a conheci. Eu, um estrangeiro entre muitos, e ela a americana mais linda que já encontrei. Sinto tanta saudade de Sara.

Rafael sentia o aconchegante abraço de Sara, era como se um agradável calor aquecesse a região por onde ela deslizava suas mãos. A energia de Sara era positiva e deixava Rafael e também Isabela calmos e equilibrados diante da situação estranha que se formou entre todos os envolvidos.

George caminhava de um lado para o outro na sala esperando notícias de Vanessa. Olivia tentava acalmar o pai temendo por sua saúde depois de tantas emoções sofridas.

— Acalme-se, pai, essa mulher não fugirá da conversa que precisam ter. Mamãe deveria estar presente, ligarei para ela contando o que está acontecendo.

— Não ligue! Virginia não compreenderia esse encontro com meu passado trágico. Quando voltarmos, contarei a ela.

— Estou atenta aos seus movimentos, pai, não deixe o passado voltar, sei que amou essa brasileira, mas é um homem casado e não permitirei um *flashback* entre os dois. Nosso objetivo aqui é a cirurgia de Jaqueline e seu bem-estar. Gostaria de levá-la para os Estados Unidos conosco.

— Seria maravilhoso ter a filha de Sara conosco, mas sua mãe não concordaria em cuidar e educá-la.

— Olhe para Rafael e a criatura vulgar a seu lado, imagina mesmo que ele queira assumir a responsabilidade de educar uma criança doente? Ele está caidinho por aquela...

— Cale-se, Olivia! Não continue a frase, ela é sua irmã. Por minha culpa não teve a educação que dei a você, a Lily e a Sara. Isabela é jovem e darei a ela tudo o que não teve na infância, principalmente estudo. Você e Lily a ensinarão a se comportar.

— Pretende levá-la para os Estados Unidos?

— É minha filha.

— Não tem certeza disso. Antes de cometer esse desatino, faça um exame de DNA para comprovar a paternidade, essa criatura não segue para nosso país sem que se comprove que é sua filha legítima. Não permitirei que faça nada para essa...

— DNA? Não havia pensado nessa possibilidade. Não vejo necessidade desse teste, Isabela é muito parecida com Sara. Isso prova que são irmãs.

— Não aceito, papai, ela pode ser parecida por ser filha da mesma mãe. Sem DNA, essa moça desclassificada não herdará uma agulha de nosso patrimônio. Francamente, papai.

— Está pensando em herança, Olivia! Tenho o suficiente para minhas três filhas ficarem bem até o final da vida. Formei um patrimônio considerável no Colorado. Não seja mesquinha, filha, sua mãe também tem um grande patrimônio separado do meu, seus avós são ricos e ela é a única herdeira. Isabela terá tudo de que precisar.

— Depois que o resultado do DNA sair, poderá cuidar de sua filhinha, antes disso, não se aproxime dessa desclassificada. Chamarei minha mãe se insistir em adular essa moça vulgar.

— Certo, Olivia, realizarei o exame de DNA, confirmarei a paternidade para deixá-la mais tranquila. Eu tenho certeza de que Isabela é minha filha, meu coração afirma que sim. Errei no passado por ciúmes de minha primeira esposa, sou culpado por ter expulsado Vanessa de minha vida. Fui um tolo!

— Realmente preciso contar a mamãe o que está acontecendo aqui. Francamente, papai!

***

Renato estava ao lado de Vanessa enquanto ela era medicada na enfermaria, a médica que a atendeu explicou a Renato que a pressão arterial de Vanessa estava muito alta, por pouco não teve um AVC ou algo parecido.

— Ela precisa de descanso absoluto e paz neste momento. Você me disse que estão atravessando um período crítico em sua casa?

— Sim, me pareceu que o passado de mamãe surgiu para acertar as contas, ela ficou sabendo que sua filha, que vivia nos Estados Unidos, morreu ao dar à luz; eu não sabia da existência dessa filha, ela escondeu seu passado.

— Não cobre Vanessa, ela não está em condições físicas e psicológicas para dar explicações. Quer sua mãe viva e saudável?

— Certamente que sim.

— Então não faça perguntas, espere que ela dê essas explicações, quando se sentir melhor. Acho que é tarde para cobranças de um passado que não volta.

A médica falava influenciada por Sara, que desejava ver a mãe bem, ela estava feliz por vê-la novamente. Sara sempre desejou receber um abraço de sua mãe. Desde criança esperava por esse encontro, recordou o que sua tia falava: contava que as pessoas que morriam viravam estrelas no céu, e olhavam para as pessoas que elas amavam. Sara passava horas olhando para o céu durante a noite, colocou sua cama embaixo da janela, olhava as estrelas e procurando pela mãe. Deixava a tia preocupada no inverno, quando a neve caía, deixando o quarto de Sara extremamente gelado. A tia fechava a janela, mas Sara, nas madrugadas, a abria para olhar a mãe no céu. Conversava horas com as estrelas e ficava triste quando o céu estava encoberto.

Sara estava abraçada a mãe e beijava seu rosto com carinho, Vanessa registrava a presença da filha com saudade, o que a deixava muito triste, ela se culpava pela morte de Sara.

Rafael foi chamado à enfermaria por Renato, que notou a presença da irmã. Vanessa queria saber um pouco mais sobre Sara. O rapaz estranhou o chamado de Renato, mas não questionou os motivos pelos quais Vanessa o havia chamado. Ele entrou no quarto e sentiu o cheiro inconfundível do perfume que Sara usava. De alguma forma, sabia que o espírito dela estava por perto. Rafael parou ao lado de Vanessa e ela estendeu a mão para ele, dizendo:

— Preciso saber um pouco mais sobre a vida de minha Sara, ela estava feliz?

— Sara era uma mulher forte e estava muito feliz por ser mãe.

— O que a trouxe para o Brasil?

— Ela desejou ter nossa filha no Brasil, queria que Jaqueline tivesse nacionalidade brasileira como a avó e eu. Sara desejava trazer Jaqueline para conhecer Belo Horizonte, a terra natal da senhora.

— Meu Deus...! Ela não me esqueceu!

— Sara a amava, se interessava por nossa cultura e foi assim que nos aproximamos, de certa forma, a senhora permitiu que vivêssemos juntos e felizes. Ela falava muito sobre a mãe brasileira e a tia que a criou, pouco falava do pai.

— Ele foi um pai ausente para minha Sara?

— Sara morava em Nova Iorque e George no Colorado. Às vezes, ele ligava para ela, presente esteve somente em nosso casamento e por mais uma vez, talvez no aniversário de Sara.

— Obrigada pelas informações, eu sinto muito pela morte de minha filha, gostaria que ela estivesse aqui conosco! Sinto sua dor, Rafael, essa também é minha dor. Gostaria de conhecer minha neta. Que cirurgia é essa que precisa realizar? Dona Lurdes me contou.

— Minha filha nasceu com uma doença rara, seu coração não funciona como deveria, seus pulmões se enchem de sangue e são necessários drenos para retirar o sangue e o colocá-lo de volta na corrente sanguínea por meio de aparelhos.

— Pobre criança! Ela está internada neste hospital? Gostaria de vê-la.

— Mãe, sua pressão arterial ainda continua elevada, não pode se emocionar, deixe para amanhã quando estiver melhor. — Renato estava muito preocupado com o estado de saúde da mãe. E ele perguntou para Rafael:

— Quando será a cirurgia de sua filha?

— No fim da tarde, estamos esperando o anestesista. A cada hora que passa o estado de Jaqueline se torna mais crítico.

— Por favor, me leve para visitar minha neta, preciso conhecê-la, é uma parte minha que vive nesta criança. Não posso mais esperar. Não acha estranho estarmos todos na mesma cidade e na mesma casa? Tem algo no ar! Olhar para sua filha é como se eu estivesse com Sara novamente. Não sabe o quanto sofri por deixar minha criança naquele país. Nunca mais fui feliz, orava pedindo a Deus para que Sara fosse feliz e estivesse bem.

— Ela foi feliz, não se preocupe. Falarei com a médica que a atendeu para ver se ela permite a visita à sua neta. Realmente tem algo estranho no ar, é coincidência demais nos hospedarmos em sua pensão. Parece-me que chegou a hora da verdade, não sabe o susto que levei quando fiquei de frente com Isabela, é muito parecida com Sara.

— Rafael, cuidado com Isabela, ela não é Sara. Eu não soube educar essa menina. Não se impressione com a aparência das duas, Isabela não é o que se pode chamar uma dama da sociedade, se me compreende.

Renato rapidamente compreendeu que a mãe alertava Rafael e completou:

— Ela está querendo dizer que minha irmã não tem pudores. Isabela sempre foi assanhada, tem pressa de viver a vida como se o mundo fosse desaparecer de seus pés. Gosta muito de dinheiro e tudo de bom que ele pode proporcionar. Cuidado, tenho certeza de que sua esposa não tinha a mesma personalidade de Isabela.

— Filho, assim você assusta o moço, Isabela é uma boa menina, apenas é desajuizada como qualquer adolescente.

— O que minha mãe esquece é de que Isabela não é mais uma adolescente. É uma mulher que não mede as consequências de seus atos. Sem falar na vulgaridade de minha irmã.

— Não se revolte contra ela, sei que desejava cuidar e proteger sua irmã, mas isso não ocorreu. Não tive irmãos, mas se tivesse desejaria protegê-los da maldade do mundo. Nem sempre temos o que desejamos. É melhor aceitar a realidade de coração aberto. Ela é como é e nada mudará a personalidade de Isabela. Estávamos conversando, sei que é uma garota de programa, mas tem um ótimo humor que cativa qualquer um. Relaxe, Renato, sua irmã não é a pior das mulheres como você imagina.

— Ela é interesseira e sem educação, eu não me iludo mais com as loucuras que ela apronta. Fique com isso em mente, ela não é Sara.

Capítulo 19

Renato ficou ao lado da mãe e Rafael saiu em busca da médica que atendeu Vanessa. Ele passou na sala de espera e Isabela o acompanhou até o balcão de atendimento.

— Por que quer falar com a médica? Mamãe pediu algo? Aposto que quer conhecer sua filha. Dona Lurdes estava me contando o que os trouxe até Minas Gerais. Sinto muito pela morte de sua mulher, realmente gostaria de ter conhecido minha irmã Sara. Não sei por que minha mãe escondeu de todos que tinha outra filha, não sabia de sua existência, se soubesse teria procurado por ela. Mas o que foi não tem volta, mamãe é uma mulher que sofreu muito na vida. Tentou esconder que foi uma moradora de rua comigo nos braços depois que esse gringo safado nos expulsou dos Estados Unidos.

— Ele não sabia que sua mãe estava grávida, não julgue sem antes ouvir todos os envolvidos. Acho que todos sofreram com essa separação. É triste quando o ciúme fala mais alto. Pelo que entendi, Vanessa era uma mulher exuberante, linda e dançarina, e o homem era ciumento. Acho que Sara foi a mais prejudicada por essa separação.

— Eu fui a mais prejudicada, ela teve de tudo. Eu cresci nas ruas desta cidade, vivi na rua até que o pai de Renato se apiedou de nós, não diga que Sara foi a mais prejudicada! Esse gringo safado me deve muito e vou cobrar com juros a fome, o frio e a falta de conforto que suportei até meus três anos.

— Não seja trágica! Você não tem lembranças desse período de sua vida.

— Eu vivi nas ruas, nasci em uma esquina desta cidade nojenta, embaixo dos papelões sujos que cobriam o chão, embaixo de uma marquise de loja, a pobre coitada de minha mãe recebeu ajuda de uma mendiga como nós. Mamãe nunca me contou sobre seu passado, eu fui atrás dos mendigos nas ruas e me contaram essa história nojenta sobre meu nascimento, nas ruas da cidade. Não merecia passar por isso, acusava meus avós, mas agora, conhecendo a verdade, esse americano é culpado por momentos tenebrosos que passamos nas ruas. Ele me pagará cada centavo que nos deve. Se ela não quiser cobrar, o problema é dela, eu quero tudo a que tenho direito e muito mais, esse gringo sofrerá em minhas mãos, escreve isso, ou não me chamo Isabela Nogueira.

— Acalme-se! As coisas não se resolvem assim. Acredito que terá todos os seus direitos de filha garantidos depois do exame de DNA.

— Terá coragem de pedir esse exame?

— Olhe para a irmã de Sara, acha que Olivia dividiria seu patrimônio com você? Não seja inocente, Isabela, o exame será realizado quer você queira ou não.

— É melhor assim, eu faço o exame. Querido, se der positivo esse gringo perderá até as calças que veste, quando eu ganhar o processo na justiça.

— Ei, moça bonita, dinheiro não é tudo. Seria melhor buscar o respeito próprio e o das pessoas que nos cercam. Deixe a justiça agir e terá tudo de que precisar, garanto que George não se negará a pagar seus estudos.

— Passei da idade de estudar, quero mais é curtir a vida dançando.

— Pode se formar em dança e ter uma profissão digna.

— Não creio que tenha idade para cursar esse tipo de universidade, não sabia que existia esse curso.

— Querida Isabela, tem muita coisa que não sabe, que tal aprender? Revoltar-se não resolverá nada.

— Está me chamando de burra? Tenho muito mais experiência de vida que você. Não saberia como viver na noite, aposto que cairia nas armadilhas como o boa noite cinderela que muitas moças aplicam.

— Aplicou esse golpe?

— Querido, eu vivo na noite, em boates, não sou santa, você sabe bem o que eu sou.

— Uma moça um tanto perdida por trás desta alegria fugaz e da revolta que vejo estampada em seus olhos. Calma, Isabela, deixe a vida percorrer seu curso naturalmente. Espere e verá o que ela trará para você.

A médica chegou e Rafael explicou os motivos para liberar a visita de Vanessa até a UTI neonatal. A médica permitiu e os acompanhou para monitorar a pressão arterial e os batimentos cardíacos de Vanessa.

Renato segurava a mãe de um lado e Isabela, que estava curiosa para conhecer a sobrinha, amparava Vanessa do outro lado, os três diante da fragilidade de Jaqueline ficaram tocados. Mais atrás dessa pequena comitiva, por detrás do vidro que separava as salas, estava George, Olivia, Lurdes e Rafael.

Os espíritos de Sara e de Jorge atendiam as instruções de Arthur com energias positivas para todo o ambiente. As pessoas registravam a energia de maneiras diferentes, mas todos sentiam que ali havia algo especial. Jaqueline dormia tranquilamente. Quando despertou, abriu seus olhos claros como os de Rafael. Admirou um por um através do vidro, Rafael sentiu que algo estava diferente na filha e se aproximou do vidro como querendo protegê-la, a enfermeira tentou dispensar todos da sala, quando percebeu que Jaqueline estava ficando com os lábios arroxeados, a respiração mais fraca, mesmo entubada como estava. Os olhinhos de Jaqueline se fecharam e o cordão prateado que ligava seu corpo espiritual ao corpo físico foi cortado por Arthur.

Jaqueline sentiu um grande alívio quando se livrou do corpinho infantil enfermo, a bela jovem que estava entre os dezessete e os dezoito anos na aparência espiritual, sorriu e abraçou Sara, dizendo:

— Obrigada por ter me dado a oportunidade de me libertar das doenças que meu corpo espiritual carregava. Não conseguia seguir adiante carregando chagas de que não necessitava mais em meu corpo sutil. Foi uma ótima mãe, Sara, me deixou confortável e senti seu amor por nossa ligação de mãe e filha. Obrigada, querida Sara.

— Foi uma experiência maravilhosa a gestação, gostaria de ter tido a oportunidade de tê-la em meus braços físicos, infelizmente não foi possível. O que não imaginava era que seu espírito não fosse reduzido ao tamanho de seu corpo físico. Surpreendeu-me saber que o corpo físico da bebê estava ligado a um espírito adulto.

— Seria mais fácil para quem está na Terra receber um espírito indefeso e dependente. Mas, a missão é levar esse corpo físico até o final de sua vida, e não poderia ser um espírito sem proteção. Quem nos protegeria de espíritos perturbadores? Seríamos uma presa fácil para eles e o corpo físico seria prejudicado. Isso não funciona assim. Na espiritualidade, somos seres independentes e responsáveis por si. Quem reencarna, passa por experiências buscando aprendizado e deseja se tornar uma pessoa livre. Humanos vivem em grupos e isso, muitas vezes, tolhe a liberdade, principalmente se o líder do grupo tiver uma personalidade mais forte. As mães, por darem à luz, costumam usar esse recurso para ficar no comando do grupo. Impedem que os filhos busquem a liberdade e eles nunca se responsabilizam por si mesmos ou por seus atos. Criam indivíduos fracos e dependentes. Não é isso que a espiritualidade deseja para os espíritos. Mas, por ora, não falaremos mais sobre isso. Esse é um aprendizado que terá quando começar seu curso na colônia que você foi recebida.

— Tenho muito a aprender, imaginei que o espírito desenvolvia o tamanho de acordo com o crescimento da criança, estou realmente surpresa ao saber que estava errada, como milhares de pessoas que pensam assim. É estranho imaginar que ligado a um corpo infantil existe um espírito adulto capaz.

— Foi um grande prazer passar o período da gestação ao seu lado, Sara, temos afinidades e um passado nos ligava, assim como a todos do grupo. Nossos irmãos espirituais estão tentando nos reunir para que fiquemos ligados através do amor, e não pelo ódio.

— Não tenho ainda a explicação do que ocorreu em nosso passado, tudo que sei é que Vanessa e George se amam e viveram separados por ciúmes, o que desencadeou sofrimento em vários envolvidos nesta união que fracassou.

— O importante é que eu e você cumprimos nossa tarefa perante esse grupo. Seguiremos nosso caminho com uma carga maior de aprendizado. Meu coração está livre do peso do ódio que um dia senti e feriu meu corpo espiritual. Agradeço a você pela oportunidade de limpeza do meu corpo energético, toda a impureza que carregava ficou em meu corpo físico, que você permitiu que nascesse na Terra.

— Jaque, não serei mais sua mãe?

— Querida Sara, na realidade esse tipo de ligação termina quando estamos no lado espiritual, esses laços de parentescos causam dependências. O que ficam realmente são os laços de amor e afinidade. Podemos formar casais que se amam verdadeiramente, mas entre os pais e os filhos o que resta é o sentimento de amor. Em muitos casos, esses laços na Terra são reajustes do sentimento contrário ao amor.

— Seria nosso caso?

— Descobrirá quando estiver pronta, Sara. O passado será revelado a você, todas as lembranças virão fortes e creia, no lado espiritual todo sentimento é forte. Na Terra nos damos ao luxo de ficar magoados, chateados, tristes com as pessoas, que por nosso julgamento, erram conosco. Deste lado, Sara, a raiva, por menor que seja, se torna ódio forte. E com esse peso ninguém consegue dar um passo a frente na evolução. Ficar em paz com os inimigos é usar a inteligência, só o amor nos impulsiona no caminho da evolução. Existem barreiras que são intransponíveis se não estivermos absolutamente leves e felizes. Para ser feliz é preciso estar em paz em todos os setores — mentais e sentimentais. Esse era meu caso. Agradeço-lhe por gerar meu corpo físico em seu ventre, não me culpe por seu desencarne, estava na hora de você retornar e aprender.

— Sinto tanta saudade de Rafael! Gostaria de ficar um pouco mais ao seu lado, eu o amo tanto!

Jaqueline abriu um sorriso e seguiu ao lado de Jorge deixando o planeta. Os dois seguiram para o segundo nível de evolução dentro do ciclo reencarnatório.

Capítulo 20

Os portões de uma bela cidade foram abertos para Jaqueline, ela se emocionou ao ultrapassá-los e sentiu a vibração milhares de vezes mais leve que a da conturbada Terra ou da colônia em que ela vivia antes desta experiência. Abriu um sorriso espontâneo e Jorge a abraçou dizendo:

— Seja bem-vinda! Esperamos muito por esse momento, minha amada. Deu tudo certo, os planos seguem de acordo com o cronograma dos espíritos sábios. Aprenderá a controlar seus pensamentos para ser aceita como moradora desta linda cidade.

— Farei o meu melhor, amor, esse período que estava entre a Terra e a colônia próxima do planeta, estudei bastante, conheço bem a importância de estar com a mente positiva e a vibração de acordo com a cidade que me recebe, me informei das maravilhas tecnológicas que existem aqui. Amor, quero ser feliz, essa é minha escolha. Basta de lamentações e enganos. Sei o que quero e quem eu quero ao meu lado.

— Tem certeza de que não sente mais nada por ele?

— Jorge! Rafael não mexe mais com meus sentimentos, estava cega! Desejo apenas o seu amor! Não duvide disso, meu amor é puro e verdadeiro. Vamos deixar o passado onde deve ficar, a verdade é que me deixei iludir e paguei um preço alto por meus enganos. Escolhi ser feliz ao seu lado, sempre esteve comigo, eu o amo, Jorge! E você, esqueceu Vanessa?

— Eu também a amo, Jaque! Vanessa foi uma boa companheira de jornada, ela não cativou meu coração como você o fez no passado. Não sinta ciúmes, trabalhamos arduamente para que pudéssemos entrar juntos nesta cidade, nossos amigos estão nos esperando em nossa casa.

— Casa?!

— Conquistei por mérito uma casinha para ficarmos confortáveis em nossa intimidade. Não é um palácio, mas é uma casa onde o amor é convidado a viver conosco.

— Ao seu lado, uma choupana se torna um palácio, meu amor.

***

Na sala, Rafael bateu no vidro desesperado, sentindo que sua filha partiu. Vanessa caiu, a enfermeira fechou a cortina, isolando a incubadora dos olhos aflitos dos parentes do outro lado do vidro.

George, angustiado, sentiu uma aflição como se Sara tivesse falecido à sua frente, Olivia tentou acalmar o pai o afastando da sala, Tiago ajudou-os como pôde.

Lurdes tentou segurar Rafael que chorava batendo a cabeça no vidro, Renato a ajudou nesta empreitada para que ele não se ferisse. A médica do pronto-socorro levou Vanessa para a enfermaria. Os outros aguardavam notícias de Jaqueline na sala de espera. Isabela se sentou ao lado de Rafael e segurou sua mão com carinho, dizendo:

— Fique calmo, ela deve estar bem, foi apenas um desmaio.

— Sinto que ela partiu, era tão frágil! Estava sofrendo minha menininha. O que farei sem as duas mulheres que amo nesta vida?

— Não perca a esperança, não temos certeza de nada ainda, ninguém do hospital veio comunicar o estado de sua filha.

— Ela morreu, eu sei. Sinto que Jaqueline partiu. Estranho, estou me sentindo vazio, não há mais motivo para seguir em frente...

— Não diga bobagens, você não é esse tipo de cara fraco que quer aparentar. Sei que está sofrendo, mas não caia na depressão. A vida nos dá rasteiras e sempre levantamos e nos tornamos mais fortes. Não se entregue, Rafael, Sara não gostaria de vê-lo ver nesse estado fragilizado.

— Não compreende, eu perdi tudo, depois que Sara me deixou eu perdi o chão, usei o que me restou de força para me levantar e cuidar de minha filha, e ela se foi. Não tenho razão para viver.

Sara estava enciumada pela proximidade com que Isabela falava com Rafael, os rostos estavam quase colados um no outro. Ela dava a Rafael energia positiva para acalmá-lo, mas o estado de desequilíbrio dele não permitia que a energia penetrasse em seu campo magnético, Rafael estava extremamente negativo e denso, a vibração da sala também decaiu. Nesse estado vibracional, Rafael começou a sentir dores por todo o corpo. Sara tentava ajudá-lo da forma como aprendeu no curto período em que esteve no astral.

Lurdes deixou Rafael aos cuidados de Isabela e foi para a enfermaria conversar com Vanessa, ela sem perceber atendia a um pedido de Arthur.

Vanessa estava chorosa por tantas emoções e acontecimentos simultâneos. Lurdes entrou no local, quando a enfermeira acabava de aplicar um calmante forte em Vanessa. A moça avisou passando por Lurdes:

— Ela adormecerá rapidamente.

— Serei breve. — Lurdes se aproximou, segurou a mão de Vanessa e disse:

—Tire esse pensamento de sua mente, não tem culpa de nada! A criança estava muito doente. Não foi sua presença que a levou à morte.

— Eu só causo desgraça na vida das pessoas que me cercam!

— Com esse tipo de pensamento se coloca como grande vítima da vida. Não se coloque neste lugar de pequenez. Você é uma mulher inteligente, reaja! Você não tem culpa de nada! Enfrente os desafios da vida com a sabedoria que conquistou nas experiências que teve durante seu percurso. Você faz as suas escolhas, se demonstrar fraqueza estará escolhendo um caminho de sofrimento. Força, Vanessa. Tem um homem lá fora esperando para lhe pedir perdão, aceite esse perdão e mude de atitude perante a vida. Você é forte, e sabe que é, use sua força, agradeça a Deus por ter a oportunidade de ter conhecido sua neta, mesmo que tenha estado com ela somente por alguns minutos. Foi um presente que a vida lhe deu. Não chore por ela, era uma criança que sofreria muito se continuasse conosco.

Vanessa apertou a mão de Lurdes e agradeceu pelas palavras de conforto, seus olhos ficaram pesados e em segundos, ela adormeceu. Renato olhou para Lurdes e disse:

— Obrigado, ela precisava ouvir essas palavras, tem uma luz forte sobre a cabeça da senhora. Tenho certeza de que foi um espírito quem a instruiu a usar as palavras certas. Ela é uma mulher sofrida que não tem muito juízo.

— Não a julgue, sua mãe fez o que pôde e o que estava a seu alcance. Não queira que ela seja maior do que pode ser. Ela é o que é, e tenho certeza de que é uma boa mãe.

— Sim, ela é uma mãe presente, isso não nego, mas para Isabela não usou pulso firme para educá-la.

— Você é jovem ainda, não seja tão duro com as duas mulheres de sua família. Tem mais algum familiar que considere próximo de você?

— Não, somos somente nós três nesta vida. Minha mãe tem parentes, mas não os conhecemos, cortaram relações com ela quando fugiu de casa ainda adolescente.

— Ela contou os motivos que teve para tomar essa atitude radical?

— Não, talvez estivesse cansada da rotina imposta pelos pais.

— Procure se informar melhor sobre os motivos que afastam uma adolescente da casa de seus pais. Não a julgue, Renato. Desculpe, estou falando demais, as palavras vêm com força em minha mente e eu as solto. Perdoe-me, estou entrando em assuntos particulares que só dizem respeito à sua família.

— Dona Lurdes, a senhora não me ofendeu ou a qualquer outro membro de minha família. Sei que não fala por si somente, a luz sobre sua cabeça muda de cor. Não conheço muito sobre esses fenômenos, mas afirmo que um espírito está a induzindo a me aconselhar. Quando vejo essas luzes sobre algum médium, eu fico atento às palavras que saem de sua boca.

— Não sou médium ou coisa parecida. Não tenho essa sensibilidade como as pessoas que se comunicam com os espíritos nos centros religiosos. Sou católica, frequento a igreja de meu bairro em minha cidade. Na verdade, tenho medo dessas coisas. A única vez que estive em uma casa de religiosidade espiritual foi antes de deixarmos São Paulo. A dirigente do centro de estudos espiritualistas me alertou sobre a partida de alguém dizendo: "Existem momentos de dizer adeus e momentos de estar juntos." Dona Sonia sabia que Jaqueline nos deixaria. No fundo, eu também sabia, sua saúde era muito frágil. Essa criança esteve na Terra para unir a todos nós no mesmo lugar. O que será que a vida nos reserva para esse encontro?

— Não sei, mas que é muita coincidência, é! Os americanos que vieram atrás de Rafael e todos se reunirem em nossa pensão. E agora, estarmos todos aqui neste hospital nos despedindo da bebê que infelizmente morreu na nossa frente. Essa criança trouxe o passado de volta e revelou o que estava oculto.

— É a força da verdade, ela sempre aparece no momento oportuno, mostra a sujeira que estava escondida e coloca todos contra a parede para escolhermos outros caminhos. Arranca-nos da monotonia que entramos na vida, da rotina que nos tolhe a alegria. A vida não gosta que fiquemos estacionados no caminho, passa um vendaval e tira tudo do lugar. Neste caso, não existe mais o tapete para se varrer a sujeira para debaixo dele, o tapete voou com esse vendaval que trouxe a verdade.

—Tem razão. Quem sabe agora com um pai, minha irmã deixe o caminho vergonhoso que escolheu? Espero que ela pare de fazer programas.

— Isso o incomoda muito?

— Não sabe o quanto, temo pela vida de Isabela. Muitas vezes, ela volta para casa com o rosto deformado por apanhar de clientes violentos, sem falar nas doenças que podem contaminá-la.

A enfermeira se aproximou do leito de Vanessa e pediu para os dois a deixaram descansar. Eles saíram do quarto e Arthur se desconectou da mente de Lurdes, que estava com sua mediunidade aflorada. Ela havia assumido o compromisso com esse grupo, concordou antes de reencarnar que colaboraria para que os planos de reajuste com o grupo dessem certo. Eles precisavam entrar em harmonia novamente e progredir para o bem de todos os envolvidos. Lurdes também estava envolvida e comprometida com o passado. Todos carregavam sentimentos negativos que maculavam o campo energético impedindo a evolução individual e do grupo.

Capítulo 21

Rafael estava inconformado com a morte de sua filha. Sentia-se solitário.

Após o sepultamento no jazigo emprestado por Vanessa, onde estava enterrado Jorge, o pai de Renato, Rafael entrou na pensão e se jogou sobre a cama, não queria se alimentar ou falar com ninguém. Lurdes tirou seus sapatos e o ajeitou na cama, ele precisava dormir. Ela deixou o quarto para que o filho descansasse, mas ele não parava de chorar. Lurdes surgiu no topo da escada e Isabela perguntou:

— Ele está melhor?

— Não, quer ficar sozinho, não para de chorar. Não deseja se alimentar.

— Foi um golpe duro para ele. Em menos de uma semana perdeu a mulher, a filha, o emprego e o apartamento em que morava. Toda sua vida desmoronou. Ele precisa de apoio e carinho.

Olivia ouvia as palavras em português e não compreendia o que Isabela falava, Tiago traduziu e ela ficou indignada com Isabela, que o tempo todo se insinuava para Rafael. Ela disse para Tiago:

— Essa vagabunda está louca para agarrar o viúvo.

Olivia não esperava que Vanessa tivesse ouvido as ofensas contra sua filha. A dona da pensão olhou para Olivia e respondeu:

— Não tem o direito de ofender minha filha em minha casa. Peça desculpas.

— Não é do meu feitio usar palavras rudes, mas francamente, sua filha não tem compostura. Ela me deixa irritada com sua presença.

— Está enciumada por descobrir que tem outra meia-irmã. E que seu pai a olha com carinho, isso eu percebi durante o enterro de minha neta.

— Meu pai pode olhar para ela o quanto desejar, mas não dará nada para essa desclassificada até que se comprove a paternidade com um exame de DNA. Não quero e não aceito essa mulher vulgar ter qualquer vínculo consanguíneo com minha família. Exijo provas dessa paternidade.

Vanessa olhou para George na esperança de que ele não necessitasse desse tipo de comprovação, para ter certeza de que ela falou a verdade sobre a paternidade. Depois de tudo que havia feito para ela ainda teria dúvidas de que não foi traído?

Ela, nervosa, mentalmente afirmava que havia traído sim, mas nunca George, ela havia traído o pai de Renato, quando se envolveu com o carteiro, que entregava a correspondência em sua casa. Foi uma paixão ardente. À sua maneira, ela o amou, necessitava da juventude do carteiro, pois se sentia velha ao lado do marido vinte anos mais velho que ela.

Lurdes desceu as escadas e não compreendeu o que estava acontecendo com Vanessa e Olivia, que discutiam, George estava calado sentado no sofá. Estava triste e não desejava entrar na discussão das duas. Ele olhava para a imagem da TV sem compreender o que era falado em português.

Olivia insistiu para que ele tomasse uma posição quanto ao pedido do exame. Praticamente gritava com George, nervosa. E ele olhou para Vanessa, mesmo sabendo que não havia necessidade de confirmação da paternidade, falou:

— Ela precisa ter certeza de que Isabela é nossa filha. Melhor realizar esse exame.

— Você continua desconfiando da minha lealdade naquela época. Faça o exame, quero esfregar no seu rosto a verdade. Amanhã mesmo vamos providenciá-lo. Quero que vocês deixem minha pensão agora.

— Não quero sair, não me mande embora, Vanessa.

— Francamente, papai! Vamos procurar um hotel que esteja à nossa altura, não sei o que estamos fazendo hospedados nesta espelunca colonial caindo aos pedaços!

— Cale-se, Olivia! Suba para seu quarto, não quero mais ouvir sua voz por hoje.

— Quer que eu me cale diante delas?! Perdeu a cabeça, papai? Essas vigaristas querem arrancar seu dinheiro. Ligarei para mamãe, em alguns dias ela estará no Brasil para chamá-lo à razão.

Olivia subiu a escada pisando firme, estava furiosa com aquela situação.

Isabela estava calada, tentava compreender o que se passava entre eles, não entendeu nada do que foi dito ali, mas queria descobrir. Ela se aproximou de Tiago, que foi se refugiar na pequena varanda na entrada da casa, onde pôde ouvir toda a discussão. Ela se aproximou e se sentou ao lado dele, entre os vasos de plantas ornamentais, e perguntou:

— O que acabou de acontecer entre os gringos e minha mãe?

— Não quero me envolver em discussão que não me cabe. Pergunte à sua mãe.

— Por favor, o que eles discutiam? Eu preciso saber, estavam falando a meu respeito? O que falavam, Tiago?

— Não deveria abrir minha boca, mas se insiste, não sei falar não a uma mulher bonita.

Tiago contou sobre a exigência de Olivia para confirmar a paternidade, Isabela ouviu com atenção as palavras dele e respondeu sorrindo:

— Olivia não está errada, se estivesse no lugar dela e descobrisse que tinha uma meia-irmã pobre, no Brasil, também exigiria o exame para ter certeza. Realizarei esse exame com prazer, também quero ter a confirmação.

— Mas assim, você compromete a dignidade de sua mãe.

— Eu não comprometo nada, ela pode ter errado como ocorreu com o caso que teve com o carteiro. Não somos santas, Tiago, nós erramos, eu não julgo minha mãe. Tenho meu telhado de vidro.

Isabela sorriu mostrando as covinhas em seu rosto, o que contagiou Tiago que também sorriu ao ver a simplicidade e naturalidade com que ela falava. E Isabela continuou:

— Eu sei que não sou filha do carteiro, posso ser filha do gringo, como posso ser filha do açougueiro, do padeiro. Aliás, meu irmão se parece muito com o carteiro, sempre desconfiei dessa semelhança. E Jorge, meu padrasto, também desconfiava ou tinha certeza de que não era pai de Renato.

— Do que está falando, Isabela?

Renato surgiu na porta de entrada e ouviu o que Isabela dizia. Ficou indignado, entrou na casa novamente e foi procurar Vanessa. Isabela entrou atrás dele preocupada, sabia que havia falado demais.

Os três se reuniram na cozinha e Renato pediu explicações a mãe, ele estava furioso.

— Fale a verdade, mãe, parece que chegou a hora das revelações que ficaram escondidas no passado, quem é meu pai?

— Vocês querem me enlouquecer!

— Não, mãe, eu quero a verdade. Sou filho do carteiro?

— Quem lhe disse essa bobagem?

— Eu estava falando com Tiago, e deixei escapar as minhas desconfianças, mãe, perdoe-me.

—Tinha de ser você, Isabela! Quer a verdade, Renato, pois sua irmã tem razão, você é filho do carteiro. Traí seu pai, me apaixonei por um jovem e engravidei de você, nunca revelei essa traição. Mas o seu pai não traí, Isabela. Penso que estou pagando caro por meu deslize. Pode me julgar e condenar, Renato! Esse crime eu cometi.

— Estou sem palavras, mãe! Não esperava essa confissão.

— E eu não esperava que os dois me colocassem contra a parede. Não tem ideia de como sofri vivendo nas ruas. Eu tinha uma família, era feliz! De repente, me vi expulsa de minha casa, grávida e sem dinheiro. Não sabem as loucuras que fiz para conseguir dinheiro para voltar ao Brasil! Não têm ideia do que é ser repudiada pelos pais e familiares, por não aceitarem que eu gostasse de samba e de alegria. Não os acompanhava ao culto religioso, que eles amavam e depositavam toda sua fé.

— Foi expulsa de casa por não seguir a religião que seus pais queriam que seguisse? — perguntou Isabela.

— Fui, não somente expulsa, fui exorcizada pelo pastor que por pouco não me matou de pancada. Está aí minha história triste que sempre escondi de vocês, não tenho mais nada para contar. Errei, acertei, fiz o que pude para educá-los e não deixá-los passar fome como eu passei nas ruas desta cidade, principalmente você, Isabela. E agora, esse passado vem me cobrar contas como se eu fosse a grande criminosa! Não respeitam minha dor por ter perdido minha filha Sara e minha neta Jaqueline.

Renato olhou para Isabela e os dois perceberam que exageraram com a mãe. Aproximaram-se dela e a abraçaram carinhosamente. E Renato falou ao ouvido de Vanessa:

— Eu a perdoo, mãe. E tenho certeza de que meu pai também a perdoaria se descobrisse seu segredo.

— Jorge era um homem bom, depois que morreu, descobri que era estéril. Um amigo da juventude me contou sobre a complicação na caxumba que o deixou incapaz de ter filhos. Ele sempre soube que você não era filho dele. E mesmo assim o amou e foi um pai extremamente responsável e carinhoso. Gostaria de ter o perdão de Jorge, mas como culpar alguém por se apaixonar? Não me sinto culpada, havia vendido meu corpo por migalhas nas ruas, me senti digna me entregando a alguém por amor. Podem me julgar, "atire a primeira pedra quem nunca errou", como nos ensinou Jesus.

— Não a julgo, mãe, também cometo meus erros, quer saber, fez muito bem abandonar o gringo ciumento, uma mulher exuberante como você não poderia viver prisioneira de um homem doente como ele. Apenas deixou minha irmã Sara para se apresentar em uma festinha a que foi convidada, e ter dinheiro para comprar um presente para o ingrato ciumento.

— Eu não o deixei, ele me expulsou de casa, proibiu que eu visse Sara.

— Mãe, podemos deixar toda essa história no passado e seguir com nossas vidas, não precisamos desse gringo que a jogou na rua e a fez sofrer. Vamos mandar todos eles embora da pensão e esquecer tudo que foi revelado hoje. Sou e sempre serei filho de Jorge Arruda.

— Não acho justo mandar todos embora, Rafael nada fez para ser expulso de nossa casa. Precisamos do dinheiro que pagarão pela hospedagem. Não seja tolo, Renato, podemos tirar proveito dessa situação, estávamos quase sem nada, faltava até o trocado para comprar pão na padaria. Estávamos quietos em nossa casa, quando eles chegaram revirando nossas vidas. Quero desse gringo tudo o que me foi negado na infância, adolescência e juventude. Vou pesquisar o endereço de um laboratório que realiza o exame de DNA, rápido e seguro no resultado, quero calar a boca dessa gringa.

— Olhe o estado de nossa mãe, ainda insiste na permanência de todos na pensão!

— Filho, sua irmã tem razão. Ela foi muito prejudicada pelo pai, tem o direito a um futuro melhor, e quem sabe não deixa a noite e os homens que se aproveitam dela.

— Está certo, não gostam que eu continue sendo garota de programa, fiquem sabendo que ganho muito bem. Se ganhar mais desse pai que apareceu sem que eu esperasse, deixo essa vida de programas.

— Até que enfim ouvi algo muito bom de sua boca, Isabela. Está apostado, se conseguir mais dinheiro com o gringo, nunca mais será garota de programa. É um acordo que fechamos entre essa família.

— Envergonho você, não é, meu querido?

— Muito, não é agradável ter uma irmã linda e todos os meus amigos chamarem de...

— Vagabunda entre outros nomes para minha profissão. Desculpe, eu não tive a intenção de constrangê-lo diante dos seus amigos do colégio.

Isabela deixou a cozinha abraçada a Renato, que voltaria para o trabalho na lanchonete.

Capítulo 22

Tiago sentiu seu coração disparar quando Isabela saiu da pensão descendo a rua, no lado oposto que o irmão dela seguira. Desejou acompanhá-la para evitar que os outros homens a cortejassem.

Ficou nervoso com esse pensamento que surgiu em sua mente, subiu para seu quarto e se dirigiu até a varanda e continuou apreciando a moça descer a rua. Ficou agitado quando um carro fez Isabela parar antes de dobrar a esquina. Deu um soco no balaústre que adornava a varanda. Tentou desviar sua atenção da moça, mas, não conseguiu, ficou furioso quando ela entrou no carro do estranho, que desapareceu dobrando a esquina.

Retornou ao quarto e se jogou na cama, imaginando ela nua nos braços de outro. Brigava com os pensamentos que invadiam sua mente. Negava-se a aceitar que estava apaixonado por uma garota de programa, sorridente e muito bonita.

Logo, alguém bateu na porta de seu quarto e ele se levantou contrariado para atender. Ao abrir a porta, a contrariedade piorou. Era Olivia que o chamava para o trabalho.

— Vamos procurar um laboratório que realize o exame de DNA, meu pai terá que fazer esse exame para se convencer de que aquela vagabunda é sua filha.

— Para onde vamos, senhorita?

— Encontrei um laboratório neste endereço — Olivia entregou um pedaço de papel para Tiago. — Anotei da pesquisa que realizei na internet. Vamos para lá agora, não quero perder mais tempo, tenho que voltar para os Estados Unidos. Sabe onde fica este endereço?

— Não, senhorita, não sou desta cidade. Não sei como encontrá-lo.

— Já ouviu falar em GPS, Tiago? Vamos, eu tenho em meu celular.

— Estava arrumando minhas malas, seu pai não precisa mais dos meus serviços de motorista particular, quero voltar para São Paulo ainda esta tarde.

— Não se atreva a nós deixar, eu preciso de seus serviços de tradutor e motorista. Pago um pouco mais do que combinamos para você desistir da ideia de voltar para sua casa. Você é de confiança e preciso que fique ao meu lado até o dia que embarque para meu país.

— A senhorita dobra o pagamento? Assim não tenho como recusar esse trabalho.

— Fechado, dobro seu pagamento.

— Não tenho como recusar pelo dinheiro que receberei. —Tiago falou em português para que Olivia não compreendesse o que iria dizer. — Oh, mulher chata e arrogante! Espero que não consiga comprar mais ninguém com seus dólares.

Já estava anoitecendo, quando os dois saíram, e Tiago sabia que o laboratório não estaria mais aberto quando chegassem lá. Mesmo assim, não discutiu com Olivia sobre o horário de funcionamento do estabelecimento, atravessou a cidade com seu carro e, quando estacionou no local, o prédio estava às escuras.

Tiago manobrou o carro e ficou agitado, quando do outro lado da avenida avistou Isabela entrando em uma boate. Sentiu vontade de tirá-la de lá à força, mas se conteve. Levou Olivia de volta para a pensão, esperou que ela descesse do carro e saiu, cantando pneu. A moça queria que ele a levasse a um restaurante com o pai, para jantar. Entretanto, Tiago não esperou que ela desse outra ordem, ela ficou furiosa, não queria comer os alimentos preparados por Vanessa, jantar fora evitaria que seu pai tivesse mais contato com sua ex-mulher. Pôde perceber nos olhos de George uma chama que não se apagou, temia que os dois permitissem que o amor se fortalecesse novamente, preocupava-se com a mãe e toda a dor que uma separação causaria a ela.

Olivia entrou na pensão e se dirigiu para seu quarto, estava furiosa com toda aquela situação. Foi até a varanda e ouviu a voz de seu pai falando com alguém, ela não compreendia o que falavam, mas soube que o pai estava com uma mulher em seu quarto. Imaginou ser Vanessa, que havia esperado Olivia sair para seduzir o pai dela.

Olivia tentou pular a mureta que separava os quartos para espiar quem era a mulher que fazia seu pai falar alto. Não conseguia esticar a perna na altura da mureta, sobre ela estavam vasos com plantas ornamentais. Resolveu bater na porta do quarto do pai, interrompendo a conversa.

Quando estava saindo de seu quarto, Olivia deu de cara com Lurdes, que estava de sobreaviso, quando percebeu que George deixou o quarto, desceu até a cozinha e trouxe Vanessa praticamente arrastada. Lurdes pensou em intervir por imaginar ser uma violência contra uma mulher de saúde frágil, mas, se deteve, quando viu Vanessa fechar a porta do quarto dele. Ela sabia que os dois precisavam conversar em particular.

Lurdes puxou Olivia para a cozinha tentando se comunicar com ela por meio de gestos. Ofereceu a Olivia frutas e torceu para que Tiago aparecesse na cozinha e a ajudasse a manter a moça longe do quarto do pai. E quem entrou na cozinha depois de passar várias horas descansando foi Rafael. Ao se deparar com a mãe praticamente forçando Olivia a provar uma banana, perguntou:

— O que está acontecendo aqui?

— Filho, me ajude, essa doida não pode atrapalhar a conversa de George com a mãe de Sara. Eles estão no quarto tendo uma conversa que deveria ter acontecido há dezoito anos.

Rafael compreendeu o pedido de sua mãe, tentou distrair Olivia com as frutas e os costumes dos brasileiros na alimentação. Ela ficou mais calma quando percebeu que Lurdes apenas gostaria que ela comesse a fruta. Os dois iniciaram uma conversa em inglês, e Lurdes começou a prepara o jantar.

Rafael falou sobre Sara e seus planos de felicidade que foram destruídos com sua morte. Olivia tentava confortar o cunhado e não percebeu que o tempo passou rápido e o jantar foi servido por Lurdes.

Renato retornou da lanchonete à hora do jantar. Os três ainda continuavam à mesa conversando e ele procurou pela mãe, perguntando para Lurdes:

— Onde está minha mãe, por que estão jantando na cozinha?

— Vanessa teve que sair para resolver assuntos inacabados do passado, venha jantar, a comida está esfriando.

— Não me diga que ela está na companhia do gringo!

— Eles precisam acertar as contas do passado, não os interrompa. É importante que todos se entendam e os laços negativos que os unem sejam quebrados. Quer ver sua mãe parada no tempo sem conseguir evoluir?

Lurdes falava instruída pelo espírito Arthur.

***

Tiago parou o carro na frente da boate e entrou. Não era um ambiente que ele frequentasse, não gostava desse tipo de lugar para se divertir, preferia ir aos barzinhos com amigos.

Ele entrou e escolheu uma mesa de frente para o palco, a música era alta e a luz estava tênue e ele mal podia observar quem estava a seu lado. O relógio marcava vinte e duas horas, quando as moças subiram ao palco e começaram o espetáculo da noite. Elas estavam com os rostos cobertos por máscaras, mas, mesmo assim, Tiago reconheceu Isabela rebolando seminua à sua frente. Seu coração disparou e o suor cobriu seu corpo.

Isabela dançava excitando os homens que assobiavam e soltavam elogios de baixo calão. Ela lentamente foi tirando a roupa, se aproximando dos homens em volta do palco e eles colocavam dinheiro em sua minúscula calcinha. Aproximou-se de Tiago e o reconheceu, abrindo um lindo sorriso e perguntou:

— O que faz aqui?

— Apreciando o espetáculo.

— Gostou do *show*?

— Esta noite não atenderá os seus clientes, voltará para a pensão comigo.

— Ficou louco! Preciso de dinheiro, estou trabalhando, não me atrapalhe, volte para casa e sonhe comigo, bonitão. Se desejar, eu cobro barato para você e nos divertirmos.

— Serei seu cliente esta noite, voltaremos para a pensão.

— Não posso atendê-lo em casa, vamos para um motel, gostosão.

Tiago pegou Isabela em seus braços fortes e a levou em direção à saída. Os seguranças imediatamente neutralizaram Tiago.

— Esperem, não precisam usar de violência com ele, somos amigos. Soltem-no. Tiago, me espere lá fora, trocarei de roupa e podemos seguir para onde desejar.

Meia hora depois, Isabela vem ao encontro de Tiago, dizendo:

— Garotão, você enlouqueceu? Por que fez aquilo? Os seguranças da boate poderiam tê-lo ferido.

— Não suporto a ideia de vê-la nua diante de tantos homens que a desejam.

— Você se apaixonou?

— Sou louco por você! Faz muito tempo que a vejo entrando em boates em São Paulo, saindo com homens, não quero que continue nesta vida de...

— Pode falar, Tiago, eu sou isso que você viu, uma garota de programa, uma prostituta! Proporciono prazer em troca de dinheiro. Sei que não quer nada além de prazer com uma mulher como eu. Esqueça o que está sentindo, não quero ferir seus sentimentos. Não se iluda.

Os dois seguiram para um motel onde Tiago deu vazão ao seu desejo nos braços de Isabela.

Capítulo 23

Depois que Vanessa fechou a porta do quarto de George, os dois se acomodaram nas cadeiras ao redor da mesa, e ele começou a falar.

— Por que me traiu? Sabia que eu a amava! Por que vestiu aquela roupa e foi se mostrar para os homens na festa? Sabia que eu não gostava que se vestisse daquela forma! O que fez comigo e com meu amor, não tem perdão.

— Não me perguntou por que eu estava me apresentado como passista naquele dia! Não deixou que me explicasse, George. Me dará a oportunidade de falar agora?

— Chamei você aqui para conversar, fale tudo que tem para me dizer, depois vamos dar por encerrada essa conversa e nunca mais nos veremos nesta vida. Retornarei para os Estados Unidos.

— Você destruiu nossa família, escondeu Sara e me deixou mendigando entre os amigos para conseguir dinheiro o suficiente para comprar a passagem de volta para o Brasil.

— Por que não pediu para seus amantes?

— Idiota! Eu nunca tive um amante, amava você, o respeitava e sabia que era ciumento ao extremo. Vesti-me de passista atendendo ao pedido de nossa amiga Wendy, ela queria agradar o filho que completava quinze anos. Receberia um bom cachê e teria alguns dólares para lhe comprar um presente de aniversário. Fui tão ingênua! Estúpida! Errei e paguei um preço muito alto. Não sabe como me arrependi por esse erro. Minha vida acabou naquele dia! Ficar longe de Sara foi um grande castigo, uma punição desumana para uma mãe amorosa. Mas é tarde demais, Sara está morta! A pobrezinha veio procurar por suas raízes no Brasil. Você foi um grande canalha! Seu ciúme acabou fazendo todos sofrerem, deveria ter procurado ajuda profissional para curar sua demência absurda em forma de ciúme. Você não sabe conviver com as pessoas, quer ter o controle até dos pensamentos das mulheres. Não sei como a mãe de sua filha Olivia o suporta.

— Não sinto ciúmes de Virginia, ela é uma mulher forte e muito segura de si. Isso me passa confiança, depois que a expulsei de minha vida, submeti-me a um tratamento com um psicólogo competente, me senti culpado por mentir para Sara afirmando que você morreu em um acidente de carro aquela noite. Nunca tive coragem de desmentir e contar a verdade a ela.

— Tenho certeza de que neste momento ela sabe a verdade, estando do outro lado da vida, deve culpá-lo por todas as vezes que chorou desejando ter a mãe por perto. O que você fez conosco foi... — Vanessa parou, tentou se acalmar caminhando pelo quarto, e falou:

— É o culpado por Isabela se tornar uma perdida! Sabia que eu estava grávida e mesmo assim me expulsou de sua vida! E não diga que não sabia de minha gravidez, lhe contei enquanto me espancava aquela noite, senti tanto medo de perder a criança enquanto era violento comigo. Todos os sentimentos parecem que retornaram estando na sua presença, essa conversa é inútil! Sara está morta, acabamos de enterrar nossa neta. Isabela é uma mulher adulta, não precisa mais de você, George.

— Tem razão, os sentimentos retornam quando falamos do passado. Analisando friamente, eu reconheço que fui um grande canalha com você e com nossas filhas. Chamei você aqui para dizer que Olivia exige que o exame de paternidade seja realizado.

— Não tinha dúvidas de que você, mesmo diante da semelhança entre Sara e Isabela, questionaria se é pai dela. Não é fácil assumir que é o pai de uma garota de programa. A culpa é sua, George.

Ele ficou vermelho de raiva com as acusações de Vanessa. George aumentou a voz:

— Pare de me acusar! Não tenho dúvidas de que sou o pai de Isabela, Olivia é quem não aceita o parentesco sem uma prova científica irrefutável. Sei que errei com você e peço seu perdão, Vanessa, diga que me perdoa!

— Estranho! Esperei por esse momento a minha vida toda e agora que estou diante de você, pedindo-me perdão, sinto-me vazia, oca. Odiei você todos os dias que passei fome e fui violentada nas ruas, o odiei pelo frio e pela chuva na madrugada que me deixava encharcada com uma criança nos braços. O odiei cada segundo que vivi nas ruas, o odiei quando dei à luz embaixo de um viaduto, o odiei quando me levaram para um hospital e fui tratada como um verme pelos médicos e pela equipe de enfermagem, estava suja, em meu corpo havia feridas de picadas de insetos. Eu o odiei tanto, George! Tanto! E agora aqui, diante do seu pedido ínfimo de perdão, eu não sinto nada! Nada! Depois de tantos anos parece que minha capacidade de odiar chegou ao limite.

— Não me odeia mais?

— Na verdade, eu não sei o que sinto a seu respeito. Você é indiferente para meus sentimentos. Fique longe de mim, George, conhecê-lo foi um desprazer em minha vida. Deixe-me em paz, se Isabela concordar, realize o exame de paternidade. Faça o que puder para tirar nossa filha desta vida mundana. Eu tentei, mas ela se mostrou uma pessoa totalmente capitalista, só pensa em dinheiro e tudo que ele pode proporcionar a ela.

— Quero levá-la para viver em Denver, no Colorado, você aprovaria?

— Ela é maior de idade, faz muito tempo que não tomo decisões a respeito da vida de minha filha. Não faça Isabela sofrer vivendo com sua família, esse é meu pedido. Agora, quero que desapareça de minha vida, George, saia da minha casa e me deixe viver o tempo que me resta longe da sua presença, que tanto me incomoda. Não vale a pena odiá-lo, sinto indiferença.

— Comprarei uma casa melhor para você viver com seu filho, esta casa está muito velha. Devo a você o conforto que lhe tirei na juventude.

— Não quero nada que venha de você ou do seu dinheiro. Tenho minha dignidade e meu orgulho. Não me deve nada, deve sim a Isabela, foi o pior pai deste mundo para ela, permitiu que sua filha vivesse como mendiga nas ruas, tirou dela o teto, a comida, os estudos e, principalmente, a educação. Também devia tudo isso a Sara, ela sofreu longe da mãe.

— Minha irmã a criou com carinho e deu a ela tudo que não pudemos dar. Sara era uma jovem com conceitos nobres que se destacavam em seu caráter. Foi uma filha amorosa e muito inteligente.

— Você deu a minha filha para outra mulher educar! Tirou o que eu mais amava na vida por ciúme! Covarde! Canalha! Egoísta!

Vanessa saiu do quarto de George batendo a porta, entrou em seu quarto e se jogou na cama, deixando extravasar a dor que sentia em seu peito em forma de lágrimas, sentia vontade de gritar, mas, conteve-se.

Lurdes percebeu a movimentação no corredor lá em cima, queria subir para verificar se Vanessa estava bem de saúde, por alguma razão, que ela não sabia explicar, se preocupava com Vanessa. Sentia vontade de protegê-la de alguma forma. O instinto maternal de Lurdes falava mais forte na presença de Vanessa, as duas tinham uma pequena diferença de idade, Lurdes era cinco anos mais velha que Vanessa. E sabia que não lhe cabia esse instinto maternal com ela.

Depois que serviu o jantar, deixou passar meia hora e não resistiu, subiu a escada e bateu na porta do quarto de Vanessa, com uma bandeja com uma deliciosa sopa fumegando no prato. Sabia que ela não havia se alimentado o dia todo.

Vanessa abriu a porta e se impressionou com Lurdes e o carinho que essa nova amiga lhe dedicava. Os olhos de Vanessa estavam inchados de chorar. Lurdes entrou no quarto dizendo:

— Você precisa se alimentar, teve um dia difícil, hoje.

— Não sabe o quanto foi difícil o dia. Estou muito triste por enterrar minha netinha. Desejei que nada disso estivesse acontecendo. Queria estar com Sara, nem que fosse por apenas um minuto para abraçá-la e dizer que sinto muito por tudo que nos aconteceu nesta vida.

— Tenho certeza de que ela sabe disso, e também sente muito por crescer longe da mãe que tanto amou. A vida não foi nada fácil para você, minha amiga, mas se mostrou forte e fez o seu melhor.

— Queria recomeçar e fazer tudo diferente, não cairia nos mesmos erros.

— De forma alguma, cometeríamos outros erros, somos humanos e erramos para aprender. Temos que ter sapiência e lucidez para discernir entre o certo e o errado.

— Gostaria de tê-la conhecido há alguns anos minha amiga, você me transmite paz e ao seu lado me sinto segura, amparada. Em tudo que me aconteceu nesse dia terrível, sentir sua presença me deixa feliz, não temos uma grande diferença de idade, mas sinto em você algo que nunca tive, carinho de mãe.

— Quem sabe não tivemos esse parentesco em uma vida passada — brincava Lurdes. — Em sua presença tenho um sentimento maternal forte, sinto vontade de cuidar do seu bem-estar.

— Seu filho deve ter contado o que meu Renato contou para ele sobre minha vida. Se apiedou por eu ter tido um passado triste, não foi?

— Pode ser essa a causa da afinidade que sinto por você. Ou quem sabe vem do passado que não recordamos.

— Realmente, não tenho em minha memória a lembrança de tê-la conhecido nas ruas de Belo Horizonte.

— Não é a esse passado a que me refiro, falo de algo mais distante no tempo, em outra vida em que estivemos juntas.

— Não creio que podemos nascer novamente, você acredita nesta bobagem que os espíritas afirmam?

— Hoje posso dizer que acredito, eu obtive provas de que a vida continua depois da morte do corpo. Sempre me perguntei qual o sentido da vida, por que nascemos, vivemos e morremos. De alguma forma, nos últimos tempos, as respostas vieram, muitas delas por meio de sonhos, tão reais; outras respostas vieram por Sara.

— Não compreendi. Sara?

— Sua filha depois que nos deixou fisicamente, não abandonou Rafael, permaneceu no apartamento que viviam antes de Jaqueline nascer. Houve momentos de desespero de meu filho, e eu pude ver Sara a seu lado. Conversava com ela para acalmá-la.

— Como tem certeza de que era Sara que estava ali?

— Não conheci sua filha, infelizmente, mas posso descrever o tom de voz de Sara. Ouvi em vários momentos enquanto orava por ela e Rafael. Sua filha foi forte, conseguiu pedir ajuda de alguma forma. Antes de deixamos São Paulo, procuramos uma mulher que entendia muito sobre espiritualidade, ela ajudou Sara a partir da Terra e seguir com os espíritos que desejavam ajudá-la. Foi uma experiência que não consigo esquecer, e me deu a certeza de que a vida continua depois da morte do corpo físico. Não somos apenas carne que apodrece e se decompõe. Ganhei alguns livros sobre o assunto, estou lendo e aprendendo muito a respeito.

— Gostaria de ter essa prova. Meu filho Renato, às vezes, comenta sobre alguns fenômenos que acontecem com ele. Muitas vezes, eu duvidei e meu filho foi se calando, e hoje pouco fala a respeito. Pensava que o menino estava fantasiando coisas de sua mente infantil. O pai dele o orientava a esse respeito, os dois gostavam de conversar sobre os fantasmas que assombravam esta casa velha. Eu e Isabela temos medo e deixávamos os dois sozinhos quando falavam sobre isso.

— Seu marido e Renato tinham sensibilidade mediúnica?

— Uma vez, uma hóspede conversou com Renato sobre esse assunto, ela era vidente e os dois viram a antiga dona deste sobrado atravessar a sala. A vidente contou para Renato que o espírito estava somente curioso para ver quem vivia em sua antiga casa. Acalmou meu filho e pediu que ele procurasse estudar o assunto. Mas Renato não tem muito tempo para estudar, passa o dia e a noite na lanchonete, trabalhando, precisamos do dinheiro que ele recebe para manter a pensão funcionando.

— Chega de conversa, você não está se alimentando, a sopa está esfriando.

— Não tenho fome, estou tão sem esperança na vida. Não tenho vontade de seguir em frente.

— Não fale bobagens, seus filhos precisam de você. Não desista da vida.

— Sei que não tenho esse direito, não se preocupe, não sou covarde. Mantinha-me bem por saber que Sara estava viva e feliz, de alguma forma, nutria a esperança de reencontrá-la.

— Sei que não é fácil quando os filhos realizam a viagem de volta para casa primeiro que os pais. A jornada dos pais continua e é preciso usar a força e encontrar uma razão para seguir em frente. Não se entregue à tristeza, Sara não gostaria de vê-la triste e entregando os pontos. Passou por tantos desafios na vida, encare esse como mais um para deixá-la forte.

— Se tem alguém que foi forte na vida fui eu! Encarar este homem que me fez sofrer me deixou frágil, coisa que não me permito ser. Parece que o passado retornou.

— O passado não volta, mas, se ficou mal resolvido, é melhor resolver as pendências agora, antes que seja tarde e um dos envolvidos deixe este planeta. Odeia o pai de Sara?

— Pai de Sara e de Isabela, esse homem acabou com minha vida e diante dele, ouvindo seu pedido de perdão, não senti nada. O odiei tanto no passado, agora estou vazia, não sobrou nenhum sentimento aqui dentro. Nada, não sei explicar.

— Melhor assim, o que você precisa hoje é comer um pouco e descansar o resto da noite.

— Não posso, tenho de descer e servir alguma coisa para os hóspedes.

— Não se preocupe, quem desejar jantar na pensão tomará a deliciosa sopa que preparei para todos. Descanse por hoje.

— Obrigada, minha amiga, não sei como agradecer o que vem fazendo para essa dona de pensão atrapalhada. Realmente estou precisando de uma noite de sono tranquila.

— Coma um pouquinho, depois a deixo descansar o resto da noite, não se preocupe com os hóspedes, eu cuido de tudo.

Vanessa tomou algumas colheradas da sopa e Lurdes se deu por satisfeita, deixou o quarto e voltou para a cozinha levando a bandeja.

Capítulo 24

Quando Lurdes retornou à cozinha, encontrou Rafael e Olivia saboreando a sopa. A moça elogiava o prato e Rafael estava mais animado, seu rosto estava corado, e ele, ao ver a mãe, transmitiu-lhe os elogios que ela havia recebido.

— Mãe, Olivia adorou seu tempero, disse que foi a sopa mais deliciosa que já provou na vida. Ela e o pai sairiam para jantar, mas não resistiram ao cheiro da sopa; levou um prato para seu pai no quarto e veio saborear a iguaria aqui na cozinha.

— Coloco amor nos alimentos que preparo, você também gostou?

— Adorei, estava com saudade de seu tempero, mãe, era tudo que precisava para este dia triste de despedida, um prato de sopa quente feita com amor, com o seu amor, mãezinha. Obrigado por estar ao meu lado nesse momento difícil.

— Não precisa agradecer, filho, faço de coração. Gosto de me sentir útil, há tanto tempo vivia sozinha em minha casinha, saboreando e aprimorando a forma de cozinhar. É bom saber que agradei outras pessoas com uma simples sopa. Quanto a estar ao seu lado neste momento, é bom estar por perto, filho. Fique bem e me deixará ainda melhor.

Renato chegou e se serviu da sopa, ali na cozinha, depois que tomou um banho quente. Lurdes, Rafael e Olivia estavam na sala diante da TV. Rafael traduzia algumas frases do português para o inglês. Renato desceu perfumado, o que fez Lurdes lhe perguntar:

— Pretende sair novamente? Está cheiroso!

— Usei meu perfume para ficar mais apresentável na pensão. Queria muito mudar o cheiro de velho desta casa. Não sente esse cheiro?

— Não, a que cheiro você se refere?

— De coisa velha, móveis antigos, paredes cobertas com tinta desgastada. Toda vez que entro nesta casa eu sinto esse cheiro ruim.

— Não sinto o mesmo, seu nariz percebe algo diferente que não está no ar. A casa está limpa, passei um pano no chão com um desinfetante perfumado.

— Desculpe, eu não sabia que a senhora limpou a casa, mas, que loucura! É uma hóspede, não deve trabalhar. Mamãe não cumpriu com suas obrigações hoje?

— Vanessa não estava muito bem hoje, não fique preocupado, ela também precisava de um pouco de descanso. Ajudei como pude nas tarefas mais simples.

— Dona Lurdes, não precisa mais fazer essas tarefas, aposto que Isabela não está em casa, ela deveria ter ajudado mamãe que não está bem, desculpe, dona Lurdes.

Rafael intrometeu-se na conversa:

— Garoto, acalme-me, está tudo bem. Minha mãe não está cobrando nada. Foi um gesto de carinho para com sua família. Afinal, somos parentes de alguma forma.

— Certo, somos parentes, eu não estou acostumado com parentes, sempre foi só nós três nesta casa. E Isabela não faz nada para ajudar na pensão.

— Não precisa dar explicações, querido.

Renato se serviu de mais sopa, estava faminto, não havia se alimentado na lanchonete, o dono cobrava caro os salgados que ele consumisse durante o expediente.

Lurdes resolveu fazer companhia para Renato, entrou na cozinha, quando ele tomava a sopa com indisfarçável prazer. Ele não resistiu e disse:

— Está deliciosa essa sopa! O que colocou aqui?

— Amor, eu coloco amor em tudo que faço. Você deveria fazer o mesmo.

— Está de parabéns, dona Lurdes, se tivéssemos este tempero todos os dias na pensão, teríamos hóspedes sempre nesta casa velha e cheia de fantasmas.

Lurdes sorriu e agradeceu:

— Obrigada, querido, talvez eu possa ser contratada como a cozinheira da pensão.

— Contrataria e pagaria um bom salário, se pudéssemos. Mamãe cozinha bem, mas nada parecido com essa sopa.

— Até os fantasmas desta casa aprovaram minha sopa?

— Gostaria de não vê-los circulando por aí, se pudessem experimentar nossos alimentos, tenho certeza de que aprovariam.

— São tantos assim que assombram a casa? Você realmente pode vê-los?

— São três, a mulher e suas duas filhas, elas viveram nesta casa no início do século passado. As vejo circulando na casa toda.

— Por que não as manda embora?

— Não sei como fazer. Quando oro como meu pai me ensinou, elas se aproximam e oram comigo. Vejo os vultos delas passando entre os cômodos. Acho que se escondem no sótão.

— Se quiser, podemos ir até lá conversar com elas.

— Não é preciso, estão aqui na cozinha. Ali perto da porta que segue para o quintal, a outra está atrás da senhora e a terceira está ao meu lado, curiosa para saber quem é a cozinheira que deixou a casa perfumada com essa refeição.

— Compreende o que estão dizendo?

— Às vezes, elas falam comigo quando estou quase dormindo, perco o sono e de manhã estou acabado para seguir ao trabalho.

— Não contou sobre isso para sua mãe?

— Tentei quando era criança, meu pai me instruía a esse respeito, ele me levou a um centro espírita e passei um bom tempo sem perceber a presença delas. Mas, eu cresci, meu pai morreu e elas retornaram para minha vida, acabei me acostumando com elas. Não conte nada para minha mãe, ela não aceita que tenho esse dom, não gosto de ver o que ninguém mais vê. Ninguém acredita quando falo sobre isso.

— Eu acredito em você, sinto a presença de espíritos aqui, pode confiar que só quero ajudá-lo.

— Agradeço, aquela moça que sempre fica ao lado de seu filho tentou falar com elas. Como ela se parecia com minha irmã!

— Sara! Você pode ver a moça parecida com Isabela?

— Sim, a mãe da criança que morreu hoje, meu pai levou a mulher com ele.

— Não estou entendendo, Renato!

— Para vocês era uma criança que estava naquela incubadora, mas, na verdade, eu podia ver perfeitamente seu espírito. Ela era adulta, uma moça muito bonita. Meu pai, que também está jovem, aproximou-se depois que o cordão prata foi cortado e a levou com ele, eu vi, os dois sorriam um para o outro e meu pai piscou olhando em minha direção.

— Ele levou Jaqueline! É isso que está dizendo?

— Exatamente. E a outra moça que parece com Isabela se aproximou de seu filho, deu um beijo nele, outro no pai dela e muitos beijos em minha mãe e partiu.

— Era Sara se despedindo.

— Pediu para agradecê-la por cuidar de todos, falou que encontrou o caminho com a sua ajuda.

— Que bom que pude ajudar Sara e, de alguma forma, Jaqueline.

— A senhora tem um dom, dona Lurdes, todos temos um. Mesmo que eu não queira vê-los, não posso fugir da realidade, eu os vejo e não contava nada para ninguém, a senhora é a primeira pessoa com quem converso a respeito.

Seu dom é ajudar as pessoas que estão sofrendo, tem a palavra certa na hora certa. Isso é um dom bonito.

— Renato, seu dom é especial, muitas pessoas gostariam de ver os espíritos. Precisa aprimorar esse dom que foi dado a você pelo Criador. Dizem que quanto mais evoluída é a pessoa, mais ela tem a sensibilidade aberta. Li a respeito em um livro que posso lhe emprestar se desejar ler.

— Gostaria muito de ler a respeito, mas tenho medo de que minha visão se torne mais nítida.

— Não tenha medo, são seus irmãos pedindo ajuda para encontrar o caminho, muitos espíritos se negam a acompanhar os amigos e parentes que vêm buscá-los na hora do desencarne. Estive no centro espiritualista de Sonia Tavares, em São Paulo, e ela me explicou essas coisas. Sara também não queria deixar a filha e o marido que tanto amava, estava com medo de partir, esperou que sua mãe, que pensava estar do outro lado, viesse buscá-la.

— E mamãe está aqui bem viva! Pobre Sara não deve ter sido nada fácil para ela deixar as pessoas que amava, vendo a filha doente e o marido triste.

— Não foi fácil, mas é necessário que os desencarnados voltem para casa, no astral, ficando aqui prejudicam a si mesmos e também a outras pessoas da casa.

— Prejudicam! De que forma?

— A energia fica extremamente negativa, e suga toda a prosperidade e as bênçãos que chegariam para os moradores de uma casa, por exemplo.

— Está dizendo que a presença dos três espíritos que vivem nesta casa impedem nossa prosperidade?

— Afirmo que ouvi essa explicação de dona Sonia Tavares, uma mulher que tem grande conhecimento na área.

— Gostaria de conversar com essa mulher, ela deve ter muito a ensinar a pessoas como eu, leigas e que sofrem com o dom que Deus lhes deu.

— Ela vive em São Paulo, tenho o endereço do centro espiritualista que ela coordena, lá funciona uma escola para médiuns. Fiquei com vontade de frequentar a escola de dona Sonia, o assunto espiritualidade me fascina, sou muito curiosa.

— Se existisse aqui alguma escola como a que existe em São Paulo, eu me inscreveria, agora compreendo a necessidade de ajudar nossas amigas fantasmas a encontrar o caminho. Nada em nossa vida segue para frente, tudo que pensamos fazer fica emperrado.

— Se você luta e nada segue adiante, primeiro deve olhar as suas crenças, o que acredita e que está truncado em sua mente, impedindo a sua prosperidade. Mente com pensamento pobre deixa tudo na pobreza. Se tirar os empecilhos do caminho, organizar os pensamentos e mudar velhos hábitos, a prosperidade tem de chegar. As companhias espirituais nesta casa precisam ser revistas. Tem algo de muito errado por aqui.

— Dona Lurdes, elas estão aqui ouvindo nossa conversa.

— Ótimo, então podemos estudar todos juntos, apanharei meu livro lá em cima, estão todos dispostos a aprender?

— Estou, e elas também desejam aprender, não sabem nada sobre as cidades espirituais fora da Terra.

Lurdes deixou a cozinha e subiu a escada apressada, Rafael e Olivia ouviram o barulho forte dos pés dela nos degraus de madeira. Ela se desculpou e continuou a subir, tentando não atrapalhar os que estavam assistindo à TV.

Capítulo 25

Na cozinha, Renato se mostrava muito interessado no assunto, Lurdes e ele liam o livro que ela trouxera há pouco. Antônia, Maria da Glória e Iolanda pareciam muito concentradas no assunto, desejavam deixar a casa e seguir para o mundo dos espíritos, mas havia um grande problema que as impedia de deixar o planeta: Jacinto, o pai das meninas, e marido de Antônia. Ele, por mais de um século, prendia a família no casarão. Renato não conhecia o motivo que impedia os espíritos de partir, muitas vezes, havia tentando conversar, mas elas, temerosas dos castigos cruéis de Jacinto, calavam-se e se escondiam no sótão, onde, por muitas vezes, eram prisioneiras.

Lurdes, inspirada pelo espírito Arthur, contava sobre as cidades no astral e suas maravilhas, que não existem na Terra. Renato estava encantado com as descrições, ele notava que sobre a cabeça de Lurdes estava um foco de luz direcionado. Por sua experiência, Renato poderia afirmar que Lurdes estava recebendo informações de um espírito evoluído de grande sabedoria. Seus olhos estavam hipnotizados pela beleza do facho de luz.

Os três espíritos estavam sentados em volta da mesa ouvindo as palavras de Lurdes atentamente, Maria da Glória desejava seguir para uma cidade no astral descrita por Arthur, através da mediunidade de Lurdes.

— Poderíamos partir agora mesmo para essa cidade, quem sabe por lá encontraríamos paz! Não suporto mais ficar presa nesta casa!

— Fique calada, filha! Ele pode nos ouvir!

— Que ouça! Mãe, ela tem razão, não suporto mais ser prisioneira dele, papai enlouqueceu há tanto tempo que não me recordo o motivo que nos colocou nesta prisão.

— Não se recorda da promessa e da fuga de Agostini?

— Agostini não tem mais esse nome, ela retornou com outro corpo, outro nome e não se recorda do que fez conosco.

— Não acuse sua irmã, Iolanda! Ela teve a coragem que não tivemos, escapou do seu carrasco!

— Não teve muita sorte a pobre Agostini, retornou como Sara. Papai, no passado, não conseguiu controlá-la como fez conosco. Ainda me recordo de sua fuga, não havia nada pelas redondezas. Agostini se embrenhou no mato como um bicho, os capangas de papai não conseguiram encontrá-la no matagal. Ela encontrou com seu amado Jaime e desapareceram no mundo.

— Quando conseguiremos deixar essa casa? — questionava Maria da Glória. — Deus está nos ouvindo? Diga por caridade, Senhor, se consegue nos ouvir? Precisamos de vossa ajuda! Tende piedade de nós! Livra-nos deste calvário sem fim! A cada dia se torna mais difícil, ainda seremos os alvos da maldade de quem ignora a verdade, sei que está nos ouvindo, posso ver Sua luz sobre a mente desta mulher, por piedade, tenha compaixão de nós!

— Pare, filha, ele nos ouvirá! Ouço seus passos na escada. Vamos voltar para o sótão antes que nos encontrem aqui pedindo ajuda a seres superiores. Sabem como ele teme a luz e fica furioso dizendo que sabe como lidar com esses intrometidos.

Os três espíritos femininos atravessaram a parede da cozinha, apavoradas e se refugiaram no sótão, escapando da fúria de seu carrasco impiedoso. Jacinto, o pai dessa família, entrou na cozinha munido de sua maior arma — o ódio — que, por pouco, não o transformava em fera, deformando seu corpo mais sutil. Seus cabelos pareciam como juba de leão, seus olhos estavam atentos e ele transformou sua boca e membros inferiores e superiores como uma fera, o espírito tem o poder de transformar a aparência para colocar pânico em quem desejar. Jacinto, na verdade, não era um espírito dos mais assustadores, mas conseguia colocar medo nos desavisados que cruzavam seu caminho. Ele foi um homem ignorante e possessivo. Infelizmente, Jacinto teve apenas filhas e não um herdeiro como desejou, ele sentia pelas filhas posse, como se elas fossem parte de sua propriedade. Foi assim que havia sido educado, como regia a sociedade machista do início do século passado, por volta de 1900.

Ele entrou na cozinha furioso, se colocou diante da porta e bateu na madeira fazendo-a estalar alto, o barulho acabou chamando a atenção de Rafael e Olivia que estavam na sala; na cozinha, Renato e Lurdes estavam pálidos e trêmulos, eles de alguma forma conseguiam ver uma figura escura se movendo na sombra, Jacinto adorava colocar medo nas pessoas, gerando energias negativas e dando espaço para ele invadir os pensamentos e ter o controle dos mais aflitos.

A sensibilidade de Renato sempre foi um prato cheio para Jacinto reabastecer sua energia; ele era um espírito sugador de energias positivas. Permanecia longos períodos longe da casa onde aprisionava as mulheres que lhe pertenciam. Ele se uniu com espíritos vingadores, trabalhando para eles, que prometiam ajudá-lo a encontrar a filha que fugiu da fazenda.

Renato pulou da cadeira se refugiando embaixo da mesa. Lurdes também se assustou e se impressionou com a reação do rapaz. Ele segurou as pernas de Lurdes embaixo da mesa e falou em um sussurro apavorado:

— Ele voltou! Estamos todos perdidos! Ele voltou!

— Acalme-se! Não mostre sua fraqueza dessa forma. Não tenha medo, Renato.

— Mande-o embora, dona Lurdes! Chame os espíritos iluminados para nos socorrer! Depressa, antes que seja tarde demais! Ore comigo, é assim que conseguia afastá-lo quando criança, meu pai orava comigo e ele se afastava.

— Vamos orar se isso o acalma.

— Não deveríamos ter mexido com os espíritos! Ele voltou!

Renato e Lurdes estavam orando, enquanto ele continuava agarrado às pernas dela, embaixo da mesa. Rafael e Olivia entraram na cozinha e sentiram a negatividade que a presença de Jacinto espalhou no ambiente. Os estalos continuavam se repetindo na mesa, nos armários e Olivia perguntou:

— O que está acontecendo aqui? Que barulho é esse que vem dos móveis? O que faz o garoto embaixo da mesa, chorando?

Renato estava com tanto medo que seu corpo estava coberto de suor e as lágrimas rolavam por seu rosto, que demonstrava pânico, era o trauma de uma infância conturbada com a mediunidade sem controle, que retornava naquele instante, e ele desejava desesperadamente pela presença de seu pai, que passava horas ao lado dele quando o espírito de Jacinto o perturbava. Jorge não temia a presença de Jacinto, quando seu pai comprou a casa, o espírito ficou furioso, mas, o pai de Jorge chamou um grupo religioso que limpou a casa das energias negativas. Jacinto assustado com a presença de outros espíritos na casa, conseguiu trancafiar as mulheres no sótão, saiu e pediu ajuda para amigos que propuseram acordos de proteção, e assim, ele aprendeu muito frequentando as aulas no umbral dentro do quartel-general do bando de vingadores. Não havia mais a necessidade de estar presente na casa o tempo todo, para impedir a família de sair. Elas pouco sabiam sobre o magnetismo energético que trancafia as portas e janelas, as impedindo de sair da casa.

Olivia agarrou Rafael e olhava de um lado a outro na cozinha, procurando um motivo lógico para os estalos nas paredes e nos móveis. Disse a ele:

— Pode estar ocorrendo um terremoto! A terra está tremendo sob nossos pés! Vamos sair antes que tudo caia sobre nossas cabeças!

— Não é terremoto, Olivia, a terra raramente treme no Brasil. Não temos placas tectônicas aqui como temos nos Estados Unidos. Mãe, o que está acontecendo aqui?

— Segure a mão de Olivia e ore, filho, peça para ela orar com fé! É um ataque espiritual.

— Isso não existe!

— Não me questione! Ore como lhe ensinei na infância, Rafael!

Ele se aproximou de Lurdes que não conseguia se mover por Renato estar segurando suas pernas, Rafael segurou a mão da mãe e continuou abraçado a Olivia, e ele orou, ela fez o mesmo a pedido dele. A oração trouxe uma tênue mudança na vibração negativa do ambiente e permitiu que Arthur interviesse, lançando um raio de energia positiva que paralisou o corpo espiritual de Jacinto, como se ele fosse eletrocutado com uma forte descarga elétrica; não conseguia mover-se, caiu no chão e rolou para um canto tentando se proteger. Arthur se projetou próximo a Jacinto, que conseguiu levantar os olhos e se apavorou com a figura iluminada que se fez presente. Com medo, ele perguntou:

— O que você quer aqui? Esta é a minha casa, aqui entra somente quem eu permito! Quem é você?

— Sou seu irmão, Jacinto, não quero lhe fazer mal.

— Atacou-me, não consigo me mover! Solte-me.

— Ouça o que vou lhe dizer, meu irmão, não se meta com meus protegidos, o grupo que está nesta casa é formado por amigos, nunca mais ataque qualquer um dos membros deste grupo ou o castigo virá mais forte, sabe que tenho o poder de exterminá-lo do universo como os vermes que fazem parte da organização a qual você pertence. Fez a escolha errada, meu caro Jacinto. Eles não têm poder sobre a luz, os espíritos superiores têm planos para esse grupo de vingadores. Fique longe deles ou sofrerá as consequências com todos os outros membros. E não se atreva a atacar os meus protegidos, da próxima vez não serei tão brando.

Arthur jogou energia positiva no ambiente melhorando o campo vibracional negativo que se havia se formado. Lançou sobre Renato um pouco mais de energia positiva e projetou na mente do rapaz uma mensagem para que cessasse o ataque de pânico.

— O mal jamais triunfará diante da justiça dos seres elevados. O mal foi neutralizado.

— Graças a Deus! — disse Lurdes, passando a mão nos cabelos de Renato. — Acabou! A luz sempre vence as sombras.

O barulho estranho acabou chamando a atenção de George e Vanessa, que deixaram seus quartos e surgiram à porta da cozinha, assustados. Vanessa vendo o filho embaixo da mesa, perguntou:

— Você está bem, filho? O que aconteceu aqui? Estão todos pálidos e trêmulos!

— Foi ele, mãe, ele voltou! O fantasma que meu pai espantou desta casa em minha infância.

— Não me diga que teve o ataque de pânico novamente?! Renato! Você não é mais criança. Assustou todos os hóspedes!

— Não foi Renato quem nos deixou assustados dessa forma, o importante é que acabou, recebemos ajuda de espíritos superiores. Prepararei um bule de café forte para reanimar nossos ânimos.

— Pai, fomos atacados por espíritos maus! Pensei que estávamos em um terremoto, como aquela vez em Los Angeles, em 1994, recorda que estávamos de férias, era janeiro, o hotel tremeu tanto como agora, tivemos que deixá-lo na madrugada, dormimos no carro. Pedi para sairmos da casa, não quiseram.

—Você era tão criança, Olivia, como pode se recordar daquele terremoto? Não sabia que no Brasil também ocorriam terremotos!

— Não foi um terremoto, ela disse que foi um ataque espiritual, acabamos de passar por uma experiência paranormal. A casa é antiga, é morada de fantasmas como os castelos ingleses. Foi incrível, todos os móveis deram alguns estalidos, havia um grito no ar que fazia pressão em nossos ouvidos, pude ver uma sombra escura se agitando de um lado para o outro.

— Olivia, está agitada, essas coisas não existem, são manifestações populares da crendice de quem ignora a verdade científica, que pode explicar fenômenos como esse que você descreveu. Creio que a terra tenha se movido.

— Sentiu a casa tremer no andar superior?

— Não, ouvi os gritos de vocês e fiquei preocupado com sua segurança.

— Então, não pode ter ocorrido um terremoto se não existem placas tectônicas que cortam o Brasil. Eu sei o que vi, papai, foi um espírito furioso com esses dois — Olivia apontou para Renato e Lurdes.

— Está vendo o que você fez, Renato? Deixou a moça apavorada!

— O que ela disse? Não compreendo essa língua, também fiquei apavorado! Fomos atacados. Dona Lurdes lia sobre a vida em outros mundos fora da Terra, quando tudo começou, aquelas três mulheres estavam aqui conosco, estavam curiosas e queriam saber sobre o assunto.

— Aquelas três!? Meu Deus, filho! Não vamos começar tudo novamente, não existem espíritos prisioneiros nesta casa! Esqueça essa história. Seu pai não está mais aqui para ajudá-lo, não mexa com o que desconhece, não espante os hóspedes, sabe que precisamos de dinheiro!

— Está tudo bem, Vanessa, minha mãe também foi culpada por incentivar este tipo de leitura em sua casa, desculpe-nos, isso não acontecerá novamente. É tarde, melhor nos recolhemos para os nossos quartos. Não sei o que aconteceu aqui, mas deve haver uma explicação plausível.

Depois do café forte de Lurdes, todos se recolheram a seus quartos. Rafael pediu para a mãe não mais tocar no assunto, naquela casa velha e assombrada.

Capítulo 26

Era alta madrugada quando Isabela e Tiago retornaram para a pensão, os dois seguiram para a cozinha. Isabela abriu a geladeira procurando alimentos para preparar um lanche, não encontrou o queijo que havia comprado no dia anterior. Ficou furiosa imaginando que a mãe havia servido para os hóspedes no café da manhã.

Tiago destampou a panela que estava no fogão, ainda morna. Serviu-se da deliciosa sopa e ofereceu para Isabela.

— Pare de se queixar, pegue um prato e prove um pouco desta sopa, está deliciosa.

— A sopa que minha mãe prepara não é tão deliciosa, você deve estar com muita fome para gostar deste caldo sem graça.

— Não diria que está sem graça, prove e depois critique.

— Provarei por não ter outra opção, se foi mamãe quem preparou deve estar sem tempero, uma água suja.

Isabela se serviu de uma pequena porção, ao levar o alimento à boca, seu rosto, que mostrava contrariedade, se expandiu em um sorriso de espanto e ela falou:

— Quem preparou essa sopa deliciosa?

— Não lhe disse que estava saborosa? Garota que gosta de reclamar. Lamentar-se não a ajudará em nada, Isabela. Pensou na proposta que fiz?

— Não me pressione, não estou pronta para lhe dar uma resposta, Ti. Gostei da forma como nos entrosamos sexualmente, mas casamento não estava em meus planos. Acabei de descobrir que tenho um pai americano e rico. Desejo gastar o dinheiro deste velho e ter tudo o que mereço e não tive até aqui. Se entrei nesta vida, vendendo meu corpo a quem pagar mais, foi por passar necessidade e ver minha família dormindo com fome. Ainda não tenho certeza de que sou realmente filha do americano, minha mãe nunca tocou nesse assunto conosco, não sabia que tinha uma irmã que se parecia comigo. Antes de comemorar, quero ter certeza de quem realmente sou.

— O que pretende fazer se realmente for filha de George?

— Esganar minha mãe! Matar meu pai! Não sei qual dos dois devo ferir primeiro. Quero saber o que aconteceu para que ele realmente negasse a paternidade e me colocasse para fora de casa. Dona Vanessa nunca foi santa! Por isso, a necessidade da comprovação dessa paternidade.

— Sua mãe pode se sentir ofendida se realizar esse exame.

— Pouco me importa os sentimentos dela. Espero do fundo do meu coração que toda essa história seja um grande engano, penso que desejo ser filha do jardineiro americano, do padeiro, ou seja, lá com quem ela o traiu, que ser filha da passista de escola de samba que seduziu o caipira americano ciumento. Não tem ideia das necessidades que passamos quando era pequena, quem nos salvou foi o pai de Renato, ele sim foi um homem íntegro, um verdadeiro pai, pena que eu não compreendia as preocupações que ele tinha comigo. Acabei escolhendo um caminho difícil e nada aconselhável.

— Pense em minha proposta, Isa. Não importa se não me ama, meu amor é grande para nós dois. Quero tirá-la dessa vida, quero que as pessoas a tratem com respeito. Essa noite foi incrível, gostaria de acordar ao seu lado na minha cama.

— Com mais alguns trocados seu desejo será realizado.

— Não me trate como a um cliente, eu quero ser mais que isso.

— Não teria estrutura para suportar o peso de meu passado, Ti, vamos deixar as coisas como estão, adorei seu pedido de casamento, você não é o primeiro cliente que deseja me tirar da prostituição, fui pedida em casamento algumas vezes. Não me iludo com o amor, ele não paga as minhas contas, não coloca dinheiro nesta casa velha cheirando a mofo.

— Gostaria de dar tudo que você merece ter, mas sou um taxista apenas, fui professor de inglês, nível básico, para alguns imigrantes conhecidos, mas tive que abandonar tudo por motivos pessoais. Estranhamente, foi meu inglês que me trouxe até sua casa e me fez o homem mais feliz do mundo nessa noite em que a tive em meus braços. Isabela, não despreze o meu amor!

— Tiago, meu caro amigo. Pare, não entre nesta de amor desprezado, não sou a mulher que você precisa para ser feliz. Não quero compromisso, quero dinheiro e tudo que ele pode me proporcionar de bom e caro. Boa noite, é melhor subir para o seu quarto e encerrar esta noite. Até amanhã.

— Até amanhã, amada.

Isabela deixou a cozinha e tirou os sapatos de salto alto para não fazer barulho ao subir a escada. No topo da escada, seus olhos se cruzaram com os de Rafael que estava saindo do quarto de Olivia. Tiago estava atrás de Isabela e também se admirou com a rapidez do viúvo e a cunhada de se relacionarem intimamente.

Isabela o cumprimentou com um gesto espontâneo de abaixar a cabeça e levantar rapidamente.

Julgaram apenas pelas aparências, era um homem saindo do quarto de uma mulher na madrugada. Rafael pensou em se explicar para eles, mas, notou que Tiago estava com a boca marcada de batom, o mesmo tom que estava borrado nos lábios de Isabela. Percebeu que não devia explicações a ninguém, entrou em seu quarto sem acender a luz para não acordar Lurdes, que roncava moderadamente.

***

Depois que Arthur deixou Jacinto paralisado em um canto da cozinha do casarão, ele mentalmente pediu ajuda para os seus amigos da facção dos vingadores, como se intitulava o grupo de maltrapilhos espirituais. Jacinto implorava por ajuda, mas ninguém apareceu para ajudá-lo. Seu corpo doía com o esforço para se libertar da energia positiva, que ele desconhecia.

Jacinto ficou ali por horas, neutralizado, seus movimentos lentamente voltavam quando estava amanhecendo, os primeiros raios de sol penetravam pela vidraça empoeirada e engordurada da janela do casarão. Um raio de sol iluminou a cabeça do espírito e ele ouviu uma voz muito conhecida e saudosa de sua lembrança. Ele não percebia a luz do sol sobre ele, Jacinto permanecia na escuridão que criou para si mesmo, quando desencarnou tragicamente e decidiu permanecer no casarão, aprisionando toda a família e esperando a oportunidade para se vingar de seu algoz.

A voz falou suavemente dentro de sua cabeça:

— Jacinto, meu querido, basta de tanta violência em sua vida, escolheu o caminho errado, meu filho! Acredite no que falo, espero por você há mais de um século. Desperte, Jacinto, sei que está cansado de usar sua força equivocadamente. Veja o que atraiu para si mesmo! Cada tarefa com os vingadores compromete mais sua jornada evolutiva. Basta, filho, está na hora de seguir o caminho correto que o levará ao progresso e à redenção dos erros cometidos. Não se comprometa mais com os que estão encarnados na Terra. Liberte as mulheres de sua família, e perdoe aquela que conseguiu escapar de suas garras. Dominar os seus irmãos atrasa a vida de todos.

— Mãe! Não a vejo, onde está, mãezinha?

— Estou longe, filho, esperando que você desperte do ódio e venha conhecer o que o amor é capaz de criar na espiritualidade. Liberte-se do peso do ódio, perdoe e poderá seguir um novo caminho, há tanto para aprender.

— Fui castigado, mãe, não consigo me mover com essa energia que imobilizou meu corpo.

— Fique tranquilo, logo retomará seus movimentos, não lute contra essa força, relaxe o corpo e absorva um pouco desta luz. Renove-se, esqueça o passado e um dia terá a luz dos espíritos evoluídos e sábios. Você não é dono de ninguém, não tem esse direito sobre as mulheres que fizeram parte de sua família. Seu ciúme e seu sentimento de posse permitiram que você se perdesse de si mesmo. Agostini não voltará para essa casa, ela não vive mais entre os encarnados, está aqui comigo.

— É mentira! Ela vive em outro corpo! E estava com ele. Vou acabar com esse maldito! Por que não trouxe minha filha de volta? Ele a roubou da fazenda! Como tem coragem o maldito de voltar para essa casa sem ela?

— Está tão perdido no tempo e no espaço que não percebeu que Jaime não é mais seu sobrinho, seu nome agora é Rafael, ele esqueceu o passado e sua mulher Sara, que em outra experiência foi Agostini, retornou para o lado espiritual. Esqueça sua vingança ou sofrerá as consequências maléficas de suas escolhas.

— Não sou covarde como aquele maldito! Ele virou a cabeça de minha Agostini, roubou minha filha, confiei no maldito e veja o que ele fez. Roubou minha preciosa filha, havia elaborado o futuro de todas elas. Agostini entraria para o convento, ela quebrou minha promessa e Deus me castigou.

— Enlouqueceu! Deus não castiga ninguém, Jacinto.

— Castiga! Eu perdi a vida naquele incêndio no celeiro, foi ele quem ateou fogo para me ver queimar. Foi ele! O maldito Jaime, roubou minha filha prometida para Deus, mas eu renovei minha promessa e todas as outras filhas professarão os votos no convento. Estou esperando que venham buscá-las como prometeram ao padre Inácio. Ficarão presas aqui até que venham buscá-las e eu cumpra minha promessa; Deus me perdoará e devolverá tudo que é meu. Quero a minha fazenda como sempre foi, próspera. Os campos estão secos, na terra nada mais floresce, os animais desapareceram.

— Filho, sua cegueira é absurda, a fazenda não existe mais, a cidade cercou o casarão que um dia foi a sede da sua fazenda, mais de um século se passou, o progresso está do lado de fora de sua janela e você não vê! Livre seus olhos de sua cegueira, levante-se e olhe pela janela da realidade. Poderia ter atravessado uma nova experiência, mas continua preso em um passado que ficou longe no tempo. Liberte-se dessa experiência que o deixou preso e prendeu as mulheres que atravessaram essa experiência com você.

Arthur amenizou os sintomas que paralisavam Jacinto. Ele podia se levantar, atravessar a porta do casarão e olhar para a rua. Jacinto não via a cidade, ele recriou, com sua mente enferma, o campo que cercava o casarão no passado, ele não se dava conta que tudo estava diferente e a fazenda não existia mais. Quando o pai de Jorge comprou o imóvel e o reformou, Jacinto ficou enlouquecido com a presença de estranhos na casa que sempre foi de sua propriedade.

A presença de Jacinto, de sua mulher e filhas perturbaram a mãe de Jorge, que chamou um curandeiro para purificar a casa dos espíritos. Os espíritos que trabalhavam com o curandeiro jogaram sobre Jacinto a visão do passado, que o impedia de ver a realidade do presente. O pobre homem gostou do que via, ficando alheio ao progresso do lado de fora, deixando sua visão longe da verdade do presente.

Ao atravessar a porta do casarão e se sintonizar com o barulho da cidade, com os carros nas ruas, os grandes prédios que construíram em volta do casarão, as pessoas vestidas de uma forma estranha ao que ele estava acostumado, Jacinto levou as mãos sobre a cabeça e cairia no chão se Antônia, Maria da Glória e Iolanda não estivessem atrás dele para segurá-lo. As mulheres apesar de serem prisioneiras de Jacinto e permanecerem todos esses anos sem sair, conseguiam ver a realidade do que se passava dentro e fora do casarão.

Elas seguraram Jacinto, que pensava estar louco e se negava a enxergar a verdade. Foi quando Arthur enviou alguns amigos para resgatar as mulheres e, se possível, Jacinto.

Antônia abraçou as filhas e se refugiaram em um canto, elas temiam que os espíritos recém-chegados fossem amigos de Jacinto, os mesmos que as impediam de sair do casarão. Era a primeira vez em mais de um século que elas tiveram coragem de cogitar uma fuga.

Jacinto correu para o lado das mulheres e tentava protegê-las dos estranhos que cercavam a varanda, foi neste momento que Antônia percebeu a luz que iluminava os soldados e ela estendeu a mão na direção deles, aceitando a ajuda. Maria da Glória sentiu algo diferente quando criou coragem para olhar o rosto plácido de um dos soldados e fez o mesmo que a mãe, estendendo a mão e aceitando a ajuda e a segurança que eles ofereciam. Iolanda, por sua vez, estava apavorada, mantinha seus olhos fechados e soltava gritinhos a cada soluço que o choro descontrolado provocava.

Antônia e Maria da Glória aconchegaram a moça entre as duas e pediram mentalmente ajuda, desejavam que Iolanda também fosse resgatada e levada para o lar dos espíritos, como descreveu Lurdes, lendo um livro escrito pelos espíritos como ela havia afirmado.

Neste instante, um dos soldados lançou sobre Jacinto a luz que novamente o paralisou e o retirou da frente das mulheres com apenas um gesto de sua mão, mantendo a distância de alguns metros. Antônia acariciou os cabelos de Iolanda e falou ao seu ouvido, mansamente:

— Filha, abra os olhos, estamos na presença de espíritos iluminados que vieram nos libertar, não tenha medo, Iolanda, são amigos da luz.

Iolanda estava apavorada e sua mente criava seres monstruosos à sua frente, como o pai descreveu, certa vez, o bando de vingadores que vigiava o casarão. Um dos soldados se aproximou de Iolanda e tocou carinhosamente em sua cabeça, limpando as imagens monstruosas que ela criou em sua tela mental. E ele pediu a ela:

— Iolanda, abra os olhos, somos a ajuda que pediram em todo esse tempo de clausura. Não tenha medo, viemos libertá-las.

Ela abriu os olhos e diante do soldado deu um passo à frente e o abraçou efusivamente, aliviada, agradecendo ao seu salvador. E disse:

— Eu não quero ser uma freira, não tenho vocação para servir no convento. Liberte-me dessa promessa de meu pai, por caridade!

— Está livre, Iolanda, ninguém nunca mais a obrigará a nada. Você é livre para fazer suas escolhas, sempre foi livre, usou seu livre-arbítrio escolhendo temer, e o medo deixou todas vocês paralisadas no tempo, mas aprenderam uma grande lição.

— Não éramos livres! Como pode dizer isso, ele nos manteve cativas dentro desta casa — disse Maria da Glória indignada ao soldado que continuava abraçado a Iolanda. — Ele foi nosso carcereiro, nós fomos as vítimas!

— Bastaria pedir ajuda e ter coragem para enfrentá-lo. Estávamos esperando que reagissem como fizeram há pouco, deixando o sótão e ultrapassando a porta da frente. Criaram coragem e tentaram fugir do casarão. Podemos seguir para um lugar onde aprenderão a se reequilibrarem.

— Vamos morar com Deus? — perguntou Antônia.

— Todas as moradas existentes no universo fazem parte da casa do Criador. Seguirão para uma colônia de socorro próximo do planeta Terra. Lá aprenderão a se limpar energeticamente das máculas que formam nódulos negativos no campo energético, que permeia seus espíritos.

— O que acontecerá com nosso pai? — perguntou Iolanda.

— Ele ainda não está preparado para deixar a Terra, se nega a dar um passo à frente para evoluir, ele prefere ficar no passado guardando o ódio em seu coração. Fez a escolha errada, terá que ficar até que desperte e consiga compreender que está errado e peça ajuda. Não se preocupem, estamos todos colaborando para que ele desperte rapidamente e se liberte fazendo melhores escolhas. Jacinto se comprometeu com um grupo de espíritos vingadores e precisa se desligar desse grupo, escolhendo acreditar na sabedoria infinita do Criador Celestial.

— Jacinto imagina que Deus está punindo-o por não cumprir a promessa de entregar nossa filha Agostini para servir a Deus no convento. Agostini fugiu com seu primo Jaime, e nunca mais soubemos dela. O desespero de Jacinto foi ver Jaime de volta ao casarão com outra aparência e com o nome de Rafael, e sem a presença de Agostini. Pelo que compreendi, através das conversas de Lurdes e Renato, Agostini agora é Sara e faleceu há alguns dias. Pode me dizer se minha Agostini está bem?

— Sara está bem, teve um aprendizado forte nesta última experiência no planeta Terra. Agostini aprendeu a dar valor à família e ao amor de um companheiro leal. Dessa vez, Sara fez boas escolhas, em breve, ela as visitará. Agora, podemos seguir para o astral, estão nos esperando no veículo que nos levará para fora da Terra. Quanto a Rafael ser Jaime, essa informação confere, ele teve outra oportunidade em seu aprendizado, e está na hora de todos vocês também passarem por outras experiências, e extrair o melhor de cada experiência no aprendizado, permaneceram estacionadas no tempo, presas neste casarão.

— Quero muito estar com minha amada Agostini, quero saber o que aconteceu com ela depois que deixou a fazenda com Jaime. Como viveu esses anos todos? Sinto sua falta...

— Não está preparada para descobrir as agruras de Agostini. Como analisa o comportamento de Isabela?

— Isabela é uma perdida! Não compare Agostini a ela, por favor. Minha filha era temente a Deus, jamais seria vulgar como Isabela.

— Terão muitas surpresas quando a verdade rasgar todas as ilusões que teceram no tempo em que ficaram presas no casarão. Vamos, estamos perdendo tempo com inverdades e injúrias.

O soldado tocou nas mãos das três e todos seguiram para o veículo que os conduziu para a colônia de socorro.

Capítulo 27

No casarão, Jacinto estava apavorado, desejou seguir com elas, se sentiu solitário e não havia mais sentido ficar ali, precisava de ajuda, mas não queria que os vingadores soubessem que as mulheres se rebelaram contra ele e foram levadas por soldados iluminados. Entrou no casarão e se refugiou no sótão. Estava ciente de que em breve um amigo entraria em sua casa para verificar se estava tudo em ordem. Planejava, em sua mente conturbada, uma forma de se vingar de todos aqueles que bloquearam de sua mente a verdade. Inconformado com o que viu do lado de fora, desejou que o casarão que ele construiu com tanto capricho estivesse em outro lugar, Jacinto desejou com tanta força, que acabou se deslocando para o umbral compatível com a sua vibração.

E assim, ele saiu daquela dimensão, seguindo para o lado escuro, que gira sempre no lado oposto onde o sol nasce, a quilômetros acima da atmosfera e das camadas de gases. O umbral se inicia com suas camadas densas em níveis de vibração cada vez mais perturbadores. Jacinto entrou em um nível de vibração denso, bem próximo ao local onde estava localizado o quartel-general do bando de vingadores. Local que ele conhecia bem, e foi para lá que sua mente criadora o levou, ficando totalmente compatível a esse nível denso de vibração.

Ao criar coragem e abrir a porta de saída que somente ele percebia, pois para os outros espíritos, que vagavam por ali, Jacinto estava escondido atrás de algumas pedras de aproximadamente sessenta centímetros de diâmetro. Ele relaxou, imaginando que tudo havia retornado ao seu devido lugar, a cidade não existia mais, estava escuro e, para ele, em breve o sol nasceria trazendo a luminosidade do dia. E assim, ele ficou na frente das pedras imaginando que estava na varanda do seu casarão, esperando o sol nascer no horizonte. As horas se passavam lentas em sua solidão, olhava para a linha do horizonte e a luz tênue do sol não surgia para levar a escuridão da noite. Apurando melhor sua visão, Jacinto localizou uma casa com muros altos que o fez lembrar-se do quartel-general do bando, esfregou os olhos para limpar a vista e não acreditou no que estava vendo, realmente ele estava ali onde não deseja estar. O pobre espírito percebeu que corria perigo naquele lugar escuro e sem proteção, e se perguntava:

— Como vim parar neste lugar? Como meu lindo casarão, que era a razão de meu grande apego, estava ali, construído com todos os detalhes?

Foram tantos questionamentos na mente de Jacinto, mas não havia explicações plausíveis ou sensatas. E, naquele momento, percebeu que uma multidão de esfarrapados vinha em grande comitiva na direção dele, Jacinto ficou apavorado com a invasão iminente, entrou e fechou a porta, que existia somente para seus olhos, arrastou móveis bloqueando a porta e janelas. Fez tudo que podia para impedir que sua casa fosse invadida por miseráveis. O bloqueio foi quebrado e a casa invadida por moradores do umbral perturbados.

Jacinto se escondeu no sótão ouvindo vozes assustadoras que procuravam por ele, reconheceu uma das vozes, um amigo que o apresentou para o bando de vingadores.

Ele abriu a porta quando a voz desse amigo o chamou, à porta do sótão. Fez Nivaldo entrar rapidamente e perguntou:

— O que faz aqui?

— Estou tentando ajudá-lo, precisa deixar este lugar, ficar encolhido entre as pedras não significa que está escondido em um lugar seguro. Você parece criança que tapa os olhos e imagina que se escondeu e ninguém está o vendo. Isso de sua parte é ridículo.

— Não sei o que você está dizendo. Não posso deixar minha casa, ela é tudo que me restou. Eu a construí e daqui não saio!

— Não terá como deter este bando de dementados. Por que deixou a Terra? Sabia que precisávamos de você por lá, sua casa era nosso refúgio para cumprimos as tarefas do nosso grupo. O que aconteceu para você deixar o casarão?

— Desejei que o casarão fosse levado de volta para o campo, nas terras da fazenda que comprei para construir meu lar. E de repente, estou neste campo escuro. Onde estou?

— Não reconheceu o lugar? Nosso quartel-general está bem próximo daqui. Você não está no casarão, saia dessa ilusão mental que criou para se proteger atrás de paredes que não existem neste lugar.

— Não estou no casarão? Mas, estou vendo as paredes, os móveis, é apenas minha imaginação? É ilusão mental?

— Por que não terminou o curso do poder da mente espiritual? Tolo! Não conhece o poder que tem. Não pode voltar para o casarão na Terra, estive por lá, a casa está sob o controle dos espíritos regidos pela justiça dos seres iluminados. Sua casa caiu nas mãos dos inimigos, vocês os chamaram?

— Eu não chamei ninguém, quando eles chegaram chamei por vocês, não ouviram meu pedido de socorro?

— Claro que ouvimos, somos um grupo organizado, mas não somos tolos entrando em luta com os soldados da luz. Quem os chamou?

— Não fui eu, tentei impedir de todas as formas que aquela mulher continuasse a ler livros que os espíritos enviam para eles. Causei pânico na cozinha do casarão para que ela se calasse. Imaginei ter conseguido... E agora me vejo nesta situação, as mulheres foram levadas, não sei o que fazer para trazê-las de volta.

— Não seja tolo! Você perdeu essa batalha para eles, nosso chefe não gostará nada quando souber de seu fracasso, pensou que seria melhor cair nas mãos desses espíritos loucos do umbral do que nas mãos do nosso chefe? Se estivesse em seu lugar fugiria para bem longe. Quer ter seu corpo deformado por torturas?

— Não! Ajude-me! Para onde devo seguir?

— Não sei, mas ficar aqui é muito perigoso, você não tem saída. Seria melhor se os soldados da luz tivessem o levado como prisioneiro. O chefe o encontrará em qualquer buraco do umbral que se esconder. A única saída é pedir ajuda para o outro lado.

— E como faço isso?

— Você não é o religioso? Ore para entrar em sintonia com eles, clame por piedade, mostre que deseja realmente se modificar para melhor, é sua única saída, ser verdadeiro em sua súplica. Quem sabe eles o ouvem e o levam daqui? Veio se esconder no covil do lobo. Se eles não o tirarem deste lugar, pode dar adeus para sua pele, o chefe arrancará cada centímetro dela.

Jacinto caiu de joelhos implorando por ajuda, o amigo se retirou na velocidade do pensamento. Ele ouviu os passos dos espíritos que fazem parte da segurança particular do chefe do bando. Temeroso de ser encontrado ali com Jacinto, desapareceu rapidamente.

Os espíritos vingadores derrubaram as pedras e pegaram Jacinto, que estava encolhido em um buraco no chão escuro e lamacento. Para Jacinto, ele estava seguro, escondido dentro de um baú de roupas femininas, que sua percepção mostrava. Levaram-no para a fortaleza, prenderam-no em um tronco, no centro da praça de uma velha casa que construíram ali, local onde torturavam os escravos.

Jacinto estava apavorado, afirmavam que ele seria julgado e sofreria as consequências por ser um traidor dos vingadores. Em todo o século de servidão ao bando, havia presenciado torturas tenebrosas contra membros que falharam ou cometeram erros que prejudicaram o grupo.

Capítulo 28

No velho casarão todos dormiam, Renato estava apavorado com o retorno do espírito que tirou sua paz na infância. Deitou em sua cama e cobriu seu corpo com o cobertor dos pés até a cabeça, estava em pânico, repetia orações decoradas incessantemente. Seu corpo estava contraído e seus nervos não relaxavam, clamava pela presença do pai. Para Renato, só ele conseguiria acalmá-lo e espantar o fantasma, como fizera no passado.

Arthur tentou falar com Renato, mas suas palavras não eram registradas pelo médium em desequilíbrio de suas emoções. Arthur banhava o corpo de Renato com energias positivas, mas o medo era tamanho que a energia positiva não encontrava uma brecha para penetrar no campo energético dele, que estava negativo, e se tornando cada vez mais tenso. Em poucos minutos, Renato estava no auge de uma crise de pânico. Seu corpo ficou coberto por suor, suas pupilas se dilataram, ele sentia dor no peito e o ar se tornou rarefeito, o que dificultava a oxigenação do seu cérebro.

Renato queria gritar, pedir socorro, mas o som ficou preso em sua garganta, o máximo que conseguia era bater a cabeça na cabeceira da cama para chamar a atenção de Vanessa, que dormia no quarto ao lado. Ele sentia que morreria naquele momento se ninguém viesse ao seu socorro.

Arthur chamou Sara, que imediatamente foi transportada para o velho casarão. A moça quando olhou para Renato, que se debatia na cama, ficou assustada e perguntou:

— O que está acontecendo com meu irmãozinho?

— Veja o que o medo faz com as pessoas que não se controlam, é uma crise de pânico. Eu a trouxe aqui para que chame a atenção de Rafael e o conduza aqui para socorrer Renato, ou ele realmente colocará toda sua trajetória de encarnação na inutilidade, perderá essa oportunidade de aprendizado, ele está levando seus órgãos ao limite.

Sara não esperou mais explicações de seu superior, atravessou a porta do quarto e entrou no quarto de Rafael e Lurdes. Ele estava pegando no sono e sentiu a presença de Sara, que deitou ao seu lado como fazia antes de partir para o astral, ela falou bem próximo ao seu ouvido na esperança de que Rafael compreendesse o que ela estava dizendo:

— Amor, acorde, Renato precisa de ajuda. Precisa entrar no quarto dele.

Rafael não registrava as palavras de Sara, e ela estava ficando agitada e aumentando o tom de sua voz. Tocou em Rafael, o chacoalhando com toda a sua força. Mas Rafael estava com o pensamento em Isabela e Tiago, de repente, ele passou a sentir ciúme de Isabela, mesmo sabendo quem ela era, e a forma extravagante que escolheu para se sustentar. Sara ficou furiosa quando registrou os pensamentos de seu amado, ele estava confundindo os sentimentos pela aparência da irmã com ela.

Sara não tinha tempo a perder com a confusão sentimental de Rafael, notou que o espírito de Lurdes estava adormecido sobre seu corpo físico na cama ao lado. Não teve dúvidas, aproximou-se e despertou o espírito da mulher, pedindo-lhe ajuda.

Lurdes acordou com a certeza de que Renato precisava de sua ajuda imediata. Vestiu um roupão e saiu do quarto apressada, esquecendo-se de fechar a porta. Ela não sabia qual dos quartos era ocupado por Renato, seguiu seu instinto e acabou abrindo a porta certa, entre tantas outras no imenso corredor na parte superior do casarão. Encontrou Renato com os lábios roxos e o rosto vermelho como quem está sufocando sem conseguir respirar. Lurdes antes de tocar em Renato, gritou pedindo socorro. Ela se projetou sobre Renato batendo em seu peito e puxando sua língua que estava enrolada dentro da boca, obstruindo a entrada do ar na garganta. Lurdes fez uma respiração artificial e massagem cardíaca, simultaneamente.

O grito de Lurdes despertou todos na pensão, Vanessa e Isabela, logo estavam diante da cama de Renato, assustadíssimas com o estado dele. Tiago e Rafael chamaram uma ambulância. Olivia e George ficaram parados na porta, penalizados com o que estava acontecendo com o garoto.

Lurdes, após os primeiros socorros, aguardou uma reação do rapaz, o que aconteceu lentamente. Vanessa, Isabela e Lurdes colocaram-no sentado na cama com a cabeça encostada na cabeceira, Isabela ajeitou o travesseiro e perguntou:

— Como se sente? Consegue falar?

Aos poucos, as cores do rosto dele se normalizaram, os lábios conservavam a palidez, mas não estavam mais roxeados. Ele tentou falar, porém com a voz fraca.

— Estou melhorando. Obrigado, Lurdes.

— Não me agradeça, foi Sara quem me acordou e me trouxe até seu quarto.

George conseguiu entender apenas o nome da filha e desejou descobrir mais sobre o que Lurdes havia falado. Perguntou para Tiago, que estava a alguns passos dele:

— O que ela disse sobre Sara?

— Que foi Sara quem a trouxe até aqui para ajudar o garoto.

Lurdes se levantou da cama, passou a mão sobre a cabeça de Renato carinhosamente, dizendo:

— Sara salvou sua vida, foi ela quem me despertou e mostrou qual era seu quarto.

Renato, com a voz embargada pelo cansaço, olhou para o outro lado do quarto onde não havia ninguém e agradeceu. Lurdes perguntou:

— Ela está daquele lado do quarto, não é? Você pode vê-la?

— Sim. Ela está ali, é muito parecida com Isabela e com mamãe. Ela sorri, deixando beijos no ar para todos.

Tiago traduzia todas as palavras de Renato, George ficou emocionado. Havia algo no ar, ele analisava os fatos e se questionava como o garoto poderia dizer que Sara era parecida com a mãe e a irmã, se não estivesse vendo-a realmente.

George começou a aceitar que as manifestações espirituais eram possíveis. Conhecia alguns cultos religiosos que afirmavam ter contato com espíritos. Duvidava que os espíritos pudessem se comunicar por meio dos sonhos ou através de pessoas mais sensíveis à presença deles, mas, naquele momento, desejou ter este tipo de sensibilidade mediúnica e acreditar, queria ver Sara à sua frente, como Renato afirmava estar vendo-a. O mesmo acontecia com Vanessa e Rafael.

A ambulância chegou e Renato foi levado para o pronto--socorro. Vanessa estava muito apreensiva e, mesmo assim, fez questão de ficar ao lado do filho na ambulância. George desejava ter mais notícias sobre Sara e seguiu no carro de Tiago para o pronto-socorro, Isabela ocupou o banco da frente ao lado de Tiago; George e Lurdes ocuparam o banco de trás.

Rafael estava agitado percebendo a intimidade com que Isabela e Tiago se tratavam, o que levou Olivia a perguntar a ele quando viu o carro se afastar.

— O que está acontecendo com você? Parece que se esqueceu de Sara! Lança olhares maliciosos para Isabela.

— Não me julgue, não sabe o que está dizendo! Amo Sara e a vejo em Isabela, fisicamente. Essa semelhança entre as duas me deixa louco de saudade de Sara. Não confunda os sentimentos, não sabe como desejo minha mulher ao meu lado.

— Não repita essas palavras, pelo que compreendi, Sara estava aqui. Essa casa parece um hospício, estão todos delirando em uma histeria coletiva, vendo e ouvindo fantasmas. Penso que está na hora de voltar para os Estados Unidos.

— Não acreditou na manifestação que presenciou na cozinha hoje?

— Não posso negar que aqueles ruídos e estalidos estranhos me surpreenderam, o rosto do rapaz realmente demonstrava que estava apavorado e teve uma crise séria de pânico. A sensibilidade dele me intriga, tenho alguns amigos que adorariam pesquisar a mediunidade desse garoto. Eles estudam paranormalidade e esta casa é um grande laboratório de fenômenos.

Antes que Rafael falasse algo, a moça continuou:

— Não sei o que aconteceu, somente por nos encontrarmos todos no mesmo lugar, isso já é incrível. O encontro da mãe de Sara com meu pai foi algo além da minha imaginação. Parece que a vida usa e brinca com as pessoas quando está na hora do entendimento e acertos do passado. Acredita que esse encontro foi obra do acaso?

— Não creio, realmente foi muita coincidência nos hospedarmos aqui. Viemos atrás de Sara e, por consequência, atrás de Jaqueline e ela se foi com Sara.

— Realmente, espero que esteja com a mãe, a pequena Jaqueline uniu todos nós em sua despedida. Será que realmente era essa a finalidade de sua existência na Terra?

— Não posso responder sua pergunta, mas teria lógica se Deus sacrificasse essa criança apenas para unir as pessoas no lugar certo, na hora certa? Deve haver algo que justifique a morte de um serzinho frágil, que nasceu com a saúde debilitada. Quando chegar ao Estados Unidos, vou procurar por respostas. Esses fenômenos aguçaram minha mente para encontrar respostas, se fosse você, faria o mesmo.

— Farei, quando conseguir estabilizar minha vida novamente e meus sentimentos.

— Quer um conselho? Fique longe de Isabela, ela não vale o esforço de conquistá-la. Pode ser minha meia-irmã, mas me envergonho de tê-la na família.

— Não julgue as escolhas de Isabela. Melhor voltarmos para nossas camas, estou muito cansado.

— E quem cuidará da pensão enquanto todos estão no hospital? Se chegar um novo hóspede o que faremos?

— Vamos recebê-lo, até que os donos do lugar retornem. Ainda temos vaga?

— Tem mais quartos vagos, o que está ao lado do meu, está livre. Rafael, feche a porta e vamos nos recolher. Amanhã descobriremos se o garoto está melhor. Boa noite.

— Boa noite, Olivia.

Ele fechou a porta, enquanto Olivia subia a escada, ao chegar ao topo, ela ouviu ruídos estranhos vindos dos quartos, ficou estática até que Rafael se aproximasse dela e seguissem juntos para os quartos. Olharam em todos os cômodos para descobrir de onde vinha o barulho, não encontraram nada e Olivia pediu:

— Podemos voltar para a sala, assim faremos companhia um para o outro.

— Pegue um cobertor e dormiremos no sofá da sala. Não quero socorrer mais alguém com medo essa noite.

Capítulo 29

O relógio marcava quatro e quarenta na madrugada, quando o táxi de Tiago estacionou em frente à pensão. George ajudou Vanessa a descer do carro, atrás dela estava Renato com a face mais corada, Isabela abriu a porta do veículo e segurou o braço do irmão, dizendo:

— Está pronto para entrar em nossa casa?

— Se pudesse nunca mais entraria neste casarão assombrado, ele voltou e quer me pegar.

— Não vamos começar novamente, lembra-se do que o médico lhe disse?

— Que preciso ficar calmo e controlar o medo com a respiração. O que vou fazer se ele me acordar no meio da noite querendo arrancar meu coração?

— Anda assistindo a filmes de terror demais, esse fantasma não tem poder algum sobre você, ele é criação de sua imaginação fértil.

— Tudo bem, estou pronto para entrar, sou forte e tenho coragem para enfrentá-lo.

Vanessa abraçou o filho, dizendo ao seu ouvido:

— Descansará em meu quarto, filho, amanhã procurarei Pai José para dar um jeito nele e em toda essa história.

Renato abraçou a cintura da mãe, todos entraram no casarão. George estranhou o comportamento de Olivia, que estava dormindo em um colchão na sala, abraçada a Rafael. George ficou furioso e acordou a filha tocando com a ponta dos pés as costas dela, lentamente.

— Olivia, acorde, pode me explicar o que significa isso?

Olivia e Rafael acordaram e foi Rafael quem pulou do colchão e ficou em pé na sala, dizendo:

— Não é nada disso que estão pensando! Olivia estava com medo de dormir sozinha no quarto dela, viemos para sala para ela ficar mais segura, mas, no meio da noite, começamos a ouvir gemidos que vinham do sótão.

— Estava com medo, realmente existe alguma coisa nesta casa. Estava apavorada e consegui dormir um pouco quando me agarrei a Rafael, desculpe, papai, não tive a intenção de ofendê-lo.

— Olivia, suba e acomode-se em meu quarto, essa noite está sendo longa demais. Não diga mais nada. O garoto pode ter outra crise de pânico, vamos dormir um pouco, estou cansado.

Vanessa fechou a pensão e todos se recolheram em seus quartos.

***

Jacinto conseguiu fugir depois de ter servido de exemplo para os outros membros que compunham o grupo de vingadores.

Seu corpo foi barbaramente torturado com objetos afiados e um chicote criado com fios que feriam o corpo espiritual, composto de um material que desconhecemos na Terra. Jacinto, como todos os espíritos, não desapareceria do universo, mas ficou muito ferido com os maus-tratos do seu carrasco. No auge da tortura, Jacinto implorava por redenção aos seres de luz.

Não conseguiu uma resposta imediata para suas súplicas, Arthur estava atento às agruras de Jacinto, mas nada podia fazer para ajudá-lo naquele momento. Ele havia feito suas escolhas e precisava arcar com as consequências de se envolver com um bando de espíritos que desejava fazer justiça com as próprias mãos. Quando se deram por satisfeitos em torturá-lo, o carrasco recebeu ordens para abrir os grilhões e libertar o prisioneiro. Assim, Jacinto foi jogado em uma cela escura e imunda no subsolo da fortaleza que servia de sede para os justiceiros.

Jacinto padecia de dores atrozes em seu corpo deformado e ferido após os consecutivos açoites. Ele sentiu uma grande vontade de voltar para o casarão e foi para lá que viajou através da força de seu pensamento, com a ajuda de Arthur, para burlar o campo energético de proteção do lugar. Jacinto sofreu o resto da noite causando medo em Olivia e Rafael, que ouviram com nitidez os gemidos.

***

Eram onze e meia quando Vanessa e seus hóspedes levantaram-se para dar início a mais um dia. Ela se dirigia para a cozinha com o intuito de preparar um leve café da manhã, e depois iniciar os preparativos para o almoço.

Vanessa não tinha muito tempo para preparar tudo, desejou ter acordado mais cedo para não atrasar o almoço, mas estava muito cansada, a noite anterior fora agitada, sem contar a agitação de sentimentos que ocorria dentro dela. Estava extremamente triste com a morte de sua filha e da neta Jaqueline. Desejava do fundo do coração um dia reencontrar sua amada filha, contar a ela que sempre a amou e foi expulsa por George dos Estados Unidos e da vida dela. Todos os seus sonhos de reencontro foram destruídos com a morte de Sara.

Ao passar pela copa, ficou admirada, sobre o aparador estavam dispostos bolos, pães, salgados e doces, entre outras guloseimas; café, leite e suco completavam o banquete. Ficou olhando sem compreender o que estava acontecendo ali. Quem preparara tudo aquilo? Era a pergunta que a dona da pensão fazia a si mesma naquele momento. Entrou na cozinha e ficou admirada. Lurdes e George estavam disputando o espaço entre o fogão e a pia. Os dois preparavam o almoço, tentavam se entender por meio de gestos.

Vanessa cumprimentou os dois e esperou por uma explicação. George foi o primeiro a falar:

— Desculpe a invasão, minha intenção foi ajudá-la, sabia que estava cansada. Também estava nervoso e você sabe que cozinhar me acalma.

— Tudo bem, George, agradeço por cozinhar essa manhã, pode ficar à vontade para preparar o que desejar, pena que não tenho a despensa cheia.

Foi a vez de Lurdes falar:

— Não consigo compreender o que esse gringo está fazendo na cozinha, ele foi ao mercadinho da esquina, comprou um carrinho abarrotado de alimentos e está preparando o almoço. Eu estou me esforçando para entender o que ele deseja fazer com todos esses alimentos, estou ajudando como posso.

— Obrigada, Lurdes, você é uma mulher incrível, a mãe que todos gostariam de ter. Rafael teve sorte em tê-la ao seu lado na infância.

— Não se iluda comigo, também tenho meus defeitos. Mas, realmente fui uma mãe presente e firme com Rafael. Infelizmente, não consegui ter outros filhos.

— Não tem ninguém a esperando em casa?

— Sou sozinha. Rafael voltou depois de anos que viveu nos Estados Unidos. Estou adorando ficar aqui, gosto de cozinhar e vocês gostam dos pratos que preparo. Você pode me dizer o que esse homem quer que eu faça com essa acelga? Não compreendo o que ele fala.

Vanessa esboçou um sorriso, e ficou ali, traduzindo o que George falava. Lurdes ouviu histórias da cultura americana, a forma como preparavam os alimentos na fazenda do Colorado. Os três estavam se divertindo trocando receitas e histórias de seus países.

Depois do delicioso almoço, Vanessa seguiu para a periferia da cidade, ela conseguiu com sua vizinha o endereço de um homem, que realizava consultas espirituais. Ela desejava ajudar Renato com as interferências espirituais que o assustavam e causaram a crise do pânico. Ela nada compreendia sobre mediunidade, mas não desejava que seu filho repetisse o quadro clínico que o psiquiatra diagnosticara na infância, ele não era um doente mental, e também não desejava vê-lo dopado por remédios de tarja preta.

A mulher desceu do ônibus amedrontada pelos olhares dos homens que cuidavam da entrada do bairro. Sabia que não era um lugar onde podia caminhar livremente, estava próximo de um ponto de drogas e se sentia vigiada por olhos, que se escondiam em pequenos becos do lugar.

Ela entrou em uma farmácia e perguntou por Pai José, recebeu a informação de que precisava. A balconista a conduziu para o quintal da casa dos fundos, era ali que Pai José atendia seus clientes.

Vanessa ficou por quarenta minutos esperando ser atendida pelo médium, ela estava nervosa, sempre temeu a interferência dos espíritos em sua vida. Quando Renato nasceu, ela sentia a presença de espíritos próximos ao seu bebê. Mais tarde, o menino começou a conversar e brincar com seus amigos imaginários, que nem sempre, na opinião de Vanessa, faziam parte do universo lúdico da criança. Fenômenos sem explicação ocorriam na casa, e Renato começou a ter medo, chorava muito. Jorge era o único que conseguia acalmar o filho.

Renato, aos nove anos, teve uma crise forte de pânico e foi diagnosticado que o menino era portador de um distúrbio mental, por ver o que ninguém mais via.

Jorge conversando com alguns amigos, foi aconselhado a procurar por Pai José. O curandeiro, como todos o chamavam, realizou um tratamento e constatou que o garoto era perseguido por Jacinto. Com a ajuda de seus amigos espirituais, Pai José conseguiu que Jacinto deixasse Renato em paz. Vanessa cumprimentou o velho curandeiro, ocupando o banquinho tosco de madeira que ele oferecia à sua frente.

— Senta, fia, o que trouxe voismecê aqui? O que deseja deste preto véio?

— Preciso de ajuda, Pai José, meu filho novamente teve uma crise de pânico, não quero que tome os remédios fortes que mexem com a mente dele, meu filho não é louco.

— O pai sabe que o menino não é louco, fia. O que ele tem é mediunidade e das boas. O menino tem muito trabalho para fazer neste mundo. Ele aceitou o compromisso antes de nascer. Os espíritos chamam a atenção dele para o trabalho começar.

— Que tipo de trabalho desejam os espíritos?

—Vamos descobrir, fia, mas não só por essa razão que a fia tá aqui, sinto que o coração tá aflito. Tá cheio de mágoa aí dentro, e isso faz mal pra fia. A vida convida pra resolver tudo que ficou no passado. Perdoa, fia, todos erram e quem é capaz de atirar a primeira pedra se também errou na vida? Perdoa, fia. O passado tá de volta. O que vai fazer com ele? Quer guardar toda essa mágoa? Ou quer dar um grande passo e se libertar desta sujeira que prejudica somente ocê?

Vanessa abriu a boca e fechou novamente pela surpresa de ter seus sentimentos expostos por uma pessoa que nada sabia sobre sua vida. E Pai José continuou:

— Parece que na sua vida o sofrimento foi sua única escolha. Fia, está na hora de escolher a felicidade, pegue o que é seu, escolha ser feliz, você merece, fia. A escolha é sua, não se coloque como vítima, sabe que é uma mulher sacudida, forte, enfrentou tantos desafios e está aí firme. Falta jogar fora essa mágoa, essa dor que te acompanha dentro do peito. Isso em breve atinge seu corpo físico como doença que te fere feio. Perdoa, fia. Quanto ao menino, ele tem um caminho bonito pela frente, se estudar como lidar com essa sensibilidade mediúnica. O aparelho aqui depois vai passar nomes de alguns livros que ajudarão o menino a aprender um pouco mais sobre mediunidade. Ele tem que ficar no positivo para impedir que espíritos ignorantes se aproveitem dele. Vamos dar início ao tratamento energético para ajudar a equilibrar o menino.

— Ele continuará vendo os espíritos?

— Fia, isso não dá pra tirar do menino, é um dom que Deus deu pra ele. Não se preocupe, o menino depois que aprender a enfrentar os espíritos, ficará bem. Leva essas erva e prepara um chá pra ele ficar mais equilibrado.

— Que ervas são essas, Pai José?

— Cidreira, camomila, coisa que se dá pra bebezinho, não importa a erva, fia, o pai trás do lado espiritual a energia positiva que coloca nas erva, é isso que deixa o menino melhor. Ocê também precisa de alegria na sua vida, sorria mais, não leve tudo tão a sério. Deixe sua vida mais leve, cuide dos pensamentos que permite entrar em sua mente, faz uma limpeza e jogue tudo o que não presta do passado no lixo, a fia parece uma lata de lixo mental. Jogue tudo fora! Renove sua mente e sua vida deslancha. Esse é o conselho do véio Pai José. Espere atender o último irmão que procura por um conselho, quero que esse aparelho, que me permite falar com ocês, te dá a lista com o nome dos livros pro menino estudar.

—Vou esperar, pai, só não posso demorar muito para voltar para casa.

— Ô povo apressado! Todo mundo tem pressa neste planeta! Calma, fia! Fica ali no canto meditando, faça exercício de respiração, isso vai fazê bem.

Vanessa obedeceu ao espírito, recostou nas almofadas de uma cadeira que estava embaixo do caramanchão de flores, na lateral da casa, ela sentia a vibração agradável e calma do ambiente, que trazia uma sensação boa e tranquila.

Vanessa estava cansada e logo adormeceu na cadeira confortável.

Capítulo 30

Vanessa foi retirada do corpo pelos espíritos que trabalhavam com o médium, ela não registrou a presença deles; que faziam sua segurança extrafísica.

Ela caminhava por um jardim entre flores que espargiam um aroma delicioso no ar. Ela apreciava a beleza das flores, quando avistou em um banco, sob a sombra de uma árvore, uma moça que chamou sua atenção pelo sorriso que lhe direcionou. Vanessa tinha a imagem de Sara gravada em sua memória. Aproximou-se lentamente e, quando teve certeza de que se tratava de sua filha, correu ao encontro dela. Sara deu alguns passos em direção à mãe e se abraçaram, sanando a saudade que as atormentava. Depois do abraço caloroso, vieram os beijos e as lágrimas de felicidade por estarem juntas depois de tanto tempo de separação. Não tiveram coragem de quebrar o silêncio.

Depois de um longo tempo, Sara perguntou:

— Como está, minha amada mãezinha?

— Feliz por estar aqui com você, filha! Não sabe o quanto desejei estar ao seu lado todos esses anos, e quando finalmente tenho notícias suas, descubro que partiu para o outro lado da vida.

— Não vamos falar em momentos difíceis em nosso encontro, mãe, agradeço aos espíritos superiores que permitiram esse momento de alegria para nós. Que bom que pôde chegar até aqui, estive tão perto, mas, não conseguia me comunicar com minha mãezinha.

— Renato conseguiu vê-la, descreveu você sendo muito parecida com Isabela. Perdoe-me, Sara, desejei tanto ser uma mãe presente para você.

— A vida nos dá o que precisamos, mãe, para tudo há um porquê. Existem experiências que temos que enfrentar para evoluirmos em nosso aprendizado, somente assim provamos a nós mesmos que vencemos. A isso damos o nome evolução.

— Está dizendo que precisávamos dessa experiência? Era necessária essa separação dolorosa?

— Mãezinha. Não tivemos somente essa experiência na Terra. Passamos por aprendizados fortes no passado, de acordo com nossas escolhas. Como não tínhamos e ainda não temos educação mental, atraímos desafios que não se limitam a apenas uma reencarnação, somos eternos e temos várias oportunidades de reencarne. Posso assegurar-lhe de que cometi falhas graves no quesito respeito à família e respeito a mim. Por motivos, que não cabe entrar em detalhes, eu tive uma passagem rápida na Terra nessa oportunidade.

— Por que nos separaram, filha? Estava tão feliz vivendo com minha pequena família, amei seu pai e amo você, Sara. Por que perdi tudo que mais amava? Não sabe o quanto sofri depois que fui expulsa de nossa casa...

— Não se queixe, está deixando a vibração baixar, em poucos segundos soará uma campainha para chamar sua atenção, pare de queixas, mãe, ou não conseguiremos terminar nossa conversa, a senhora será expulsa da colônia. Sua queixa contamina a vibração da colônia, negativando o ambiente e atingindo os espíritos que habitam esse lugar. Por essa razão é melhor me ouvir e não se lastimar, é assim que funciona a vida no astral.

— Não tinha a menor ideia de que era assim que funcionavam as coisas neste lugar, na Terra podemos nos lastimar à vontade e nada acontece.

— Não é bem assim, mãe, na Terra também temos o dever de estar bem, quando se queixa ou se lastima atrai o que não deseja para sua vida, e contamina o ambiente com energias nocivas que causam doenças para o corpo físico. Mas não está aqui para aprender sobre esse assunto, procure um espiritualista para ajudá-la a fazer melhores escolhas. Quero lhe dizer, mãe, que tudo que passamos era necessário ao nosso aprendizado, às vezes, a resposta não está no presente e sim no passado.

— Devo ter errado muito em minha vida passada!

— E quem não erra, mãe. Talvez seja melhor falar um pouco sobre nossas escolhas erradas na vida passada, eu fugi da fazenda que nasci para não me tornar uma religiosa como meu pai impôs, por uma promessa que fez na infância, talvez por uma doença que enfrentou, daria sua primogênita para servir a Deus no convento. Eu não tinha vocação para me tornar uma freira. Um primo de meu pai veio passar uma temporada na fazenda para fugir de algo que fez na cidade. Encantei-me por ele e decidimos fugir juntos, conseguimos ludibriar os capangas de meu pai, nos refugiamos na mata por dias. Depois, seguimos para outro estado, vivemos bem, nos casamos e tivemos uma filha. Mas, eu me apaixonei por outra pessoa e abandonei minha filha e meu marido para viver ao lado de um homem com um passado escuso, que eu desconhecia. Em pouco tempo, descobri que ele não seria um bom companheiro. Fui vendida para um bordel e tive uma vida miserável.

— Onde eu entro nesta história?

— Você era a dona do bordel que me comprou do canalha por quem me apaixonei. Você e sua segunda filha eram sócias e comercializavam mulheres ingênuas e tolas como eu, as mandavam para outros países, clandestinamente.

— Se refere a Isabela?

— Sim, as duas se passavam por mulheres finas da sociedade, eram respeitadas nas altas rodas dos salões que frequentavam, mandavam mulheres para a Europa para servir homens da pior espécie e acabavam mendigando nas ruas, morriam ainda jovens pelos maus-tratos e a fome. Preciso explicar por que viveu nas ruas?

— Não, Sara, compreendi que fui responsável por muitas moças que se tornaram farrapos humanos como eu me tornei, quando morei nas ruas, mendigando, com Isabela em meus braços. Tive que provar na pele o que impus para outras.

— Foi uma escolha sua antes de reencarnar, tinha outras opções para o seu aprendizado, não culpe quem elaborou nosso plano reencarnatório. São seres muito experientes e sábios que nos oferecem o que realmente precisamos. Existem valores espirituais que deixamos em segundo plano em nossa jornada na Terra. Seria fácil dizer que aprendeu apenas por conhecer a teoria. Mas, mãe, sem a prática e a vivência continuaríamos na ignorância, sem o cabedal da experiência.

—Tem razão, eu tive que aprender a dar valor a um teto sobre a minha cabeça, valor à vida humana. Tenho que parar de lastimar minha sorte. Tenho o que realmente preciso para meu aprendizado, ser mãe de uma prostituta me possibilitou que sofresse na pele o que causei a muitas meninas e suas famílias. Mas, sou mãe de Renato, uma pessoa doce que me trouxe muito amor.

— Posso dizer que Renato é um ser mais evoluído que todas nós, mãe, a vida lhe deu esse presente, aprenda com ele. Ele tem uma missão na Terra, ensinar. Mas antes de ensinar, precisa recordar toda a bagagem que carrega de experiência e conhecimento. Renato é um espírito que traz luz para o planeta, sua energia é cristalina. Cuide bem dele, mãe. E não se queixe do fardo que carregou e carrega nesta experiência, encare os desafios e saiba que não está em condições de julgar ninguém, o perdão liberta. Perdoe e siga seu caminho mais leve, mostre que aprendeu a ser mais maleável e generosa. Carregar mágoa não faz bem para ninguém. Como culpar meu pai de afastá-la de sua filha amada se afastou tantas filhas de seus pais?

— O remédio é amargo, mas tem de ser tomado até o final. Enquanto falava sobre meu passado, vieram lembranças que estão gravadas em meu subconsciente, não resta dúvida, amada Sara, de que eu cometi graves erros no passado.

— E isso não a faz pior do que ninguém, dona Vanessa, não entre no julgamento. Não se julgue com tanto rigor, acusando-se sem ter complacência de si mesmo. Seja sua amiga, mãe, não se condene, tem muito ainda a aprender. Fique do seu lado, aprendeu a lição, enfrentou seus desafios, a vida trará outros e cada vez maiores. Ame-se. Somente assim será capaz de amar os outros.

— Estou envergonhada! Errei tanto! Causei muito mal para muitas pessoas. Como deseja que eu me ame?

— Cuidado, a vida não brinca quando está na hora de ensinar a lição, comece se perdoando, mãe. Não foi trazida até aqui por mero acaso, este encontro estava previamente marcado para nós duas, minha intenção foi alertá-la quanto ao perdão com relação ao meu pai, mas, se não se perdoar em primeiro lugar, estará truncando sua encarnação. Quanto ainda terá que sofrer para aprender a ser mais maleável consigo?

— Desculpe, Sara, realmente tenho muito a aprender. Pensarei em tudo que me disse. Foi um sonho maravilhoso estar com minha amada filha novamente, quero manter a lembrança desta conversa em minha mente lá embaixo. Sinto que preciso voltar para a Terra. Foi um presente lindo que os espíritos me deram. Obrigada a todos que permitiram nosso encontro. Te amo, filha, fique bem.

— Fique na paz, minha amada Vanessa, um dia ainda poderemos rir de nossas experiências terrenas. Que o amor esteja sempre em seu coração. Também tenho hoje um grande carinho por você. Muitas vezes, essas ligações maternas fazem verdadeiras transformações de sentimentos. Mãe, tudo está em seu devido lugar, sempre. Deus não comete erros, nós sim, cometemos.

Vanessa despertou com o chamado de Aristeu ao seu lado, o médium que permitia a comunicação do espírito com o codinome de Pai José. A espiritualidade funciona de uma forma coordenada, dentro dos parâmetros da justiça e do bem maior de todos. Pai José escolheu trabalhar sua sensibilidade na linha de pretos velhos. Na verdade, não haveria necessidade do espírito falar com uma linguagem mais simples para se expressar. Ele nunca havia sido escravo em suas vidas passadas, ele receitava remédios através de seu conhecimento e outros prognósticos que realizada, o espírito tinha um cabedal grande de conhecimento nesta área de cura da matéria física e energética.

Capítulo 31

Aristeu tocou suavemente na mão de Vanessa que despertou ainda com a deliciosa sensação de estar no astral com uma vibração agradável. As palavras de Sara aos poucos desapareciam de sua memória, enquanto tomava a consciência no corpo físico. Apenas uma sensação agradável em seu peito a deixava relaxada e tranquila. Poucas foram as palavras de Sara que se fixaram em sua mente. E nesse instante, Aristeu estava lá com uma mensagem de Pai José:

— Perdoar é colocar nossa inteligência para fora, se perdoar é provar para si que se ama verdadeiramente como obra divina do Criador, quando se julgar estará julgando como incompetente aquele que a criou. Deus errou ao criá-la no universo? Você é um erro do Criador?

— Deus não erra, e eu sou perfeita na minha plenitude de criatura do Criador. Não me condeno porque não me julgo culpada, sou exatamente o que posso ser. Errei no passado, tenho certeza de que fiz o que pude, com o entendimento que tinha naquela época, agi acreditando que fiz o meu melhor, se hoje sou melhor, não me culpo pelo passado, sou o que posso ser em cada período que caminho, dando passos firmes na direção da minha evolução.

— Vejo que compreendeu bem o que ouviu na viagem extrafísica que realizou.

— Foi o cochilo mais incrível que tive na vida! Estava com minha amada filha em um lindo jardim. Me leve de volta para aquele lugar.

— Não está na hora de morrer, senhora...

— Vanessa, meu nome é Vanessa. É para lá que segue quem morre?

— Pergunta complexa para lhe responder, Vanessa, posso lhe dizer que foi para lá que sua filha foi levada. Não encare o lugar como o paraíso, porque não é, mas, também não é o inferno, não é verdade?

— Definitivamente, aquele lugar não é o inferno, senti paz estando ali, as flores são lindas, a grama é mais verde, o cheiro suave e delicioso fica no ar. Como seria bom viver ali com Sara.

— Não pense na morte, ainda tem muito para viver neste planeta. Se continuar com este pensamento, estará desistindo da vida. E posso lhe assegurar que não irá para aquele belo jardim se desistir da vida. Também trabalho enquanto durmo e sigo para lugares terrivelmente feios, onde a luz não penetra, tudo é escuro e cheio de lama, sem falar no cheiro desagradável que fica no ar. Sabia que existem favelas do outro lado da vida?

— Favelas?

— Existem, Pai José fala que é para lá que seguem os defuntos sem noção de educação mental.

— Podemos dizer que é a maioria dos habitantes deste planeta. Não temos educação mental, pouco importa o que deixamos entrar em nossas mentes, vamos todos viver em favelas quando morrer?

— Não sei, mas se tiver que viver em um lugar escuro e cheirando a banheiro público, prefiro ficar aqui e tentar reeducar minha cabeça.

— Adoraria ficar aqui conversando com o senhor, mas tenho que voltar para casa. O que tem para me entregar a pedido de Pai José?

— Às vezes, recebo doações de livros, a pedido de meu guia separei esses livros para lhe entregar, disse que são para seu filho ler com atenção, isso ajudará o menino a equilibrar mais a mente mediúnica. Com essas ervas, prepare o chá e dê a ele todas as noites, ajudará seu filho a perder o medo de espíritos, ele tem um dom que não é fácil. Às vezes, vejo espíritos deformados que me procuram pedindo ajuda. É uma visão forte e desagradável, sei o que ele tem passado, quero ajudar seu filho. Entre em contato neste número de telefone que não entrego a ninguém, é meu número particular, ligue em caso de emergência apenas.

— Obrigada. Foi um grande alívio conhecê-lo, senhor...

— Aristeu, meu pai me deu esse nome estranho, penso que combina comigo, tem origem grega e significa muito bom, eu não sou mau, mais também não sou muito bom, me considero um homem bom, isso me basta.

Ele sorria com a brincadeira e Vanessa também abriu um sorriso largo. Novamente agradeceu, colocou os livros em uma sacola, dizendo:

— Esses livros caíram do céu, não tinha como comprá-los para Renato.

— Os livros induzidos por espíritos chegam sempre nas mãos de quem precisa deles, os espíritos dão uma mãozinha para que a pessoa leia o que realmente precisa para mudar sua mente e enxergar o que não está conseguindo ver sozinha. Pode ter certeza de que farão bem para seu filho, depois pode passar adiante e assim, outras pessoas serão beneficiadas. Tenha uma boa noite, Vanessa.

Aristeu abriu o portão que ficava na lateral da casa. Vanessa saiu leve daquela conversa com pai José e Aristeu.

Ela pegou o ônibus de volta para casa, o trajeto do coletivo passava em frente à clínica que realizava exames de paternidade, mas, ela desconhecia essa informação. O ônibus parou no sinal de trânsito, bem em frente ao laboratório, Vanessa olhou para fora e reconheceu as pessoas que saíam do laboratório, eram Isabela, George e Olivia, no carro estacionado estava Tiago, esperando que entrassem para ele dar partida.

Vanessa ficou indignada pela desconfiança de George sobre a paternidade de Isabela. Com voz embargada, disse baixinho:

— Como pode desconfiar que ela não é sua filha? Americano burro!

— O que disse, senhora? — perguntou um senhor que estava sentado ao seu lado no banco atrás do motorista.

— Pensei alto, desculpe tê-lo tirado de sua leitura. É que, às vezes, fica difícil compreender a ignorância das pessoas que nos cercam. Ofendem-nos gratuitamente.

— Releve, senhora, na vida não pode levar tudo a ferro e fogo, temos que relevar para sermos felizes. A idade me trouxe essa experiência. Menos, bem menos, eu digo para me acalmar e ficar em meu equilíbrio. Experimente tirar a importância do que lhe deixou ultrajada. Diga menos e note dentro do seu peito o que sentirá.

— Tem razão, isso me deixou mais calma, está na hora de aprender a ser cuca fresca como falam meus filhos, preciso levar a vida com mais leveza, sem me preocupar tanto com coisas pequenas.

— A vida é uma só e quando se tem a minha idade sabemos que ela é curta para ficarmos ruminando bobagens sem importância, irrelevantes. Melhor ficar bem, eu procuro usar a terapia do riso, tomo esse remédio várias vezes por dia, dou um sorriso e, às vezes, gargalhadas deliciosas, sabe que o dia fica mais bonito e me torno um polo de bênçãos. Sorria, você é uma mulher bonita e jovem ainda, aproveite a vida na alegria.

O senhor deu um sorriso contagiante, fechou seu jornal e desceu do ônibus logo em seguida.

Vanessa percebeu que aquele dia era especial para ela, havia recebido um presente maravilhoso visitando Sara no astral. A boa conversa com Aristeu e os conselhos de Pai

José, e agora as palavras doces e agradáveis de um desconhecido velhinho no ônibus.

Realmente estava na hora de despertar para algo novo em sua vida, pensava ela, havia passado tempo demais se queixando de tudo e se sentindo vítima das circunstâncias. Sempre culpou George por sua grande desgraça na vida, mas, analisando melhor, suas escolhas que a levaram a um caminho com mais espinhos, estava com a mente sempre na tragédia, tudo para ela era difícil e as soluções eram penosas e demoradas. Era no que realmente acreditava, acabou se tornando uma pessoa negativa e nada agradável de ter por perto.

Estava na hora de renovar sua vida, ser uma pessoa positiva e se tornar um polo de bênçãos, como o agradável senhor havia dito.

Algo dentro de Vanessa clamava por uma mudança de comportamento e ela não compreendia de onde essa necessidade havia surgido, seu espírito registrou toda a conversa com Sara naquele jardim, e assim, inspirava-lhe bons sentimentos para que ela despertasse para vida.

O encontro com o agradável velhinho não foi um mero acaso ou uma simples coincidência. Seu espírito a levou para aquele encontro depois de saber que sua palavra não era confiável para George, que levou Isabela para realizar o exame de paternidade. Vanessa estava cansada, decidiu que naquela pensão bastaria de tristeza, percebeu que nos últimos anos as pessoas que se hospedaram em sua casa traziam a tristeza no olhar, como Rafael e Lurdes que entraram lá com a tragédia sobre os ombros. Perguntava-se por que sua pensão atraia pessoas com tantos dramas em suas vidas. Sabia que cada pessoa carregava uma história, mas nem todas as histórias seriam de dor e sofrimento. Ela estava cansada disso. Desejou ter uma casa onde as pessoas pudessem encontrar alegria, começaria a mudança aprendendo a cozinhar com Lurdes, o tempero dela era delicioso. Depois colocaria música suave tocando em todos os recantos da pensão, desejou hospedar gente jovem, que trouxesse alegria e esperança, renovando o ambiente pesado de sua casa. Compraria tinta para colorir todos os ambientes do velho casarão. Quem sabe fecharia uma sociedade com alguém que aceitasse colaborar com a alegria.

Vanessa desceu do ônibus na esquina de casa, caminhou olhando a fachada do casarão até chegar ao portão. Ficou impressionada com a beleza e a altivez da construção antiga, sabia que precisaria de muito dinheiro para restaurá-la, mas, não desistiria, ali seria uma pousada aconchegante e histórica, como outras construções antigas que ainda existiam pela cidade de Belo Horizonte.

Capítulo 32

Vanessa estava se sentindo feliz quando entrou em casa. Foi direto para a cozinha, onde encontrou Lurdes e Renato preparando o jantar.

— Boa noite, dona Lurdes. Renato, vejo que está melhor, meu querido, está mais corado. Se sente bem?

— Estou bem, mãe, não se preocupe comigo ou com minha saúde. Prometo que vou reagir e não lhe darei mais trabalho com as crises de pânico. Dona Lurdes está me ensinando a enfrentar os espíritos que me atormentam.

— E como enfrentará esses espíritos?

— O livro aconselha a permanecer tranquilo e criar uma barreira entre você e o espírito, se encher de luz vibrando o mais alto que puder, assim ficará inatingível para eles.

— Estive na casa de Pai José, talvez não se recorde dele, você era criança quando seu pai o levou até lá.

— Jamais me esqueci deste benfeitor, mãe. Foi ele quem afastou os espíritos que me atormentavam. Como o encontrou?

— Dona Carmem, a vizinha, me deu o endereço, foi ela quem o indicou para seu pai na época.

— Como ele está? Espero que bem.

— O senhor Aristeu está bem, e Pai José melhor ainda. Deu-me maravilhosos conselhos, e a cura para o seu mal. Ele o ajudará a enfrentar seus medos. Veja quantos livros ele mandou para você, disse que precisa estudar para aprender como lidar com esse dom de ver os espíritos.

Os dois folhearam os livros que Vanessa colocou sobre a mesa. Lurdes comentou eufórica:

— Veja, Renato, estava falando deste livro ainda há pouco e ele veio parar em suas mãos, comece os estudos por este livro. Gostaria muito de conhecer Pai José, Renato me contou que ele o deixou praticamente invisível para o espírito que assombrava a casa.

— Verdade, Lurdes, meu Renato não queria mais entrar no casarão com medo dos espíritos. Não sei o que ele fez, mas funcionou, Renato contava que o espírito de um homem bravo passava por ele e não notava sua presença.

— Depois de muitos anos ele notou, e me atormentou, mãe. Ele continua no casarão, elas se foram, mas ele está trancado no sótão. Caminha de um lado a outro impaciente, está ferido e com muito medo de alguém.

— Como sabe o que está acontecendo com ele lá em cima, a quem se refere quando fala que elas se foram?

— Não sei explicar, apenas sei, ele está muito ferido e sente dores terríveis. Seu corpo espiritual foi dilacerado. Quanto a elas, eram a família dele, mulher e filhas. Ele mantinha todas presas no casarão.

— Pobre coitado! O que podemos fazer para ajudá-lo?

— Não sei, dona Lurdes, talvez encontre a resposta nos livros, a presença dele nesta casa atrapalha nosso progresso.

— Isso é verdade, Pai José me disse sobre essa presença que afeta a energia positiva e atrai o negativo, que causa prejuízo.

— Vamos terminar o jantar, depois podemos estudar os livros que você ganhou.

— Por falar em jantar, Lurdes, quero lhe pedir para me ensinar um pouco mais sobre culinária. Estive pesando que está na hora de transformar essa pensão em pousada, quero mudar muita coisa neste casarão e em minha vida.

— Gostei de ver, mãe, quer transformação! Quero colaborar e embarcar nesta mudança. Podemos fazer uma lista das coisas que queremos modificar em nós e na casa.

— Se tivesse dinheiro, reformaria o casarão por completo, o deixaria como ele foi no passado. Imaginou quantos hóspedes entrariam por aquela porta!

— É por essa razão que deseja aprender a cozinhar como dona Lurdes?

— Tenho consciência que meu tempero não é dos melhores, quero melhorar o cardápio da pensão.

— Voltou animada! Fico feliz, mãe. Pai José tem o dom de despertar mudanças nas pessoas.

— Deve ser um espírito sábio este Pai José. Sabiam que estão brotando ideias novas em minha mente quanto à mudança do casarão, notei que existem problemas não muito difíceis de resolver, um pouco de tinta faria milagre na fachada e por dentro. Se pudesse, ficaria com vocês aqui em Belo Horizonte. Viver sozinha em Juiz de Fora não tem sido fácil, a solidão é a minha companheira.

— Pode ficar o quando desejar, dona Lurdes, a senhora é muito bem-vinda aqui.

— Obrigada, Renato, mas não sei o que Rafael fará de sua vida, talvez volte para os Estados Unidos ou decida morar comigo em Juiz de Fora. Não quero desamparar meu filho.

— Lurdes, seu filho é um homem independente, pelo que percebi, e homens assim não retornam para a casa da mamãe depois que saboreiam o gosto da liberdade. Não quero ser negativa a esse respeito, mas por experiência, penso que seria melhor fazer planos sem contar com a presença de seu filho em sua vida.

— Deve estar certa, mas vou esperar ele decidir o caminho que deseja seguir, depois decido o que fazer de minha vida, uma coisa eu sei, não quero mais ficar presa em minha casa sozinha, tudo que fazia era ficar diante da TV assistindo à programação, e quando mudava, por algum motivo, eu ficava chateada. Cai em uma rotina enfadonha, estava vivendo a vida dos personagens de novelas, filmes e seriados. Que vida sem graça que estava levando, meus amigos.

Logo, George entrou com Olivia, Isabela e Tiago na pensão. Os três continuavam conversando animadamente na cozinha. Os demais seguiram para seu quarto para tomar um banho e depois descerem para o jantar. Olivia e George não trocavam o tempero de Lurdes pelo dos restaurantes caros da cidade.

Isabela entrou no banho muito chateada com a situação que vivia, pensou nas roupas caras e o fino trato a que Olivia estava acostumada, além da educação e o ar de quem tem inteligência por frequentar boas escolas. Era inevitável se comparar a ela, se olhou no espelho e não gostou do que viu, tinha os traços parecidos com os de Olivia, mas sua pele não tinha o mesmo viço, não era uma mulher elegante, tinha modos vulgares como as mulheres que enfrentam a dureza da vida, vendendo o corpo como mercadoria barata e sem valor.

Uma lágrima insistiu em rolar pela face de Isabela diante do espelho do banheiro, e com ela vieram muitas outras que deixaram seus olhos vermelhos e inchados.

Desejou ardentemente ser outra pessoa diante daquele espelho, não queria mais ser tratada como uma prostituta. Naquele momento desejou ser como Olivia, uma moça que todos respeitavam e admiravam pela elegância, esbanjando educação e classe. Literalmente invejou a meia-irmã, lembrou-se da noite que passou nos braços de Tiago, e como foi tratada com carinho por ele. Talvez Tiago fosse o único homem que a tratou com o respeito que ela gostaria de ser tratada. Mas, diante de Olivia, ele se retraiu e não dirigiu uma só palavra a ela.

Isabela abriu o chuveiro e deixou a água correr pelo seu corpo. Molhou os cabelos sem se preocupar em passar o xampu.

Ela estava vivendo um momento de transformação e mudança em sua vida. Arthur havia lançado sobre a mente de Isabela as comparações com Olivia para mostrar a ela o que estava fazendo com seu livre-arbítrio. Tentava mostrar a ela que poderia fazer novas escolhas e mudar o rumo de sua vida. Arthur, à distância, lançava sobre a mente de Isabela as mesmas ideias de mudança que jogou na mente de Vanessa, durante o percurso do ônibus. Tentava mostrar a ela que tinha valor e que precisava respeitar seu corpo, não se entregando para qualquer um por dinheiro.

E ela pensou a respeito de ter um pai naquela altura de sua jornada:

"Se ele realmente for meu pai? Será que agirá como Jorge, que me criou? Talvez ele deseje ter o comando de minha vida. Não obedecerei jamais a um homem estranho, só por ter sido dele o material genético que me trouxe para este mundo. E se ele me impedir de ser garota de programa? Terá que pagar dez vezes mais do que tiro fazendo programas nas boates. Esse homem me pagará cada centavo que deixou de gastar na minha infância, adolescência e juventude. Por sorte, receberei em dólar! Quero tudo que ele deu para sua filhinha Olivia e para Sara, e a outra menina que ficou com a mãe nos Estados Unidos, qual é o nome dela mesmo?"

Uma voz masculina respondeu entrando no banheiro, dentro do quarto de Isabela.

— O nome é Lily, sua outra meia-irmã, que ficou com a mãe em Denver.

— Como se atreve a entrar aqui! Tiago, não tem este direito de invadir minha privacidade.

— Desculpe, não sabia que estava no banho, bati na porta de seu quarto e a porta se abriu. Uma mulher como você não deveria se queixar por invasão de privacidade, sua profissão não permite pudores descabidos.

— O que quer aqui?

— Saber por que estava tão irritada e não dirigiu uma só palavra ao motorista de seu pai?

— Você estava animado conversando com Olivia e não me notou.

— Ficou com ciúme?

— Não seja ridículo, jamais teria ciúme de um cliente que usou meus serviços. Você estava todo sorridente para ela. Está apaixonado por Olivia?

— Ficou com ciúmes, sim. Não negue seus sentimentos por mim. É delicioso vê-la enciumada, eu estava trabalhando, a moça não conhece uma só palavra de nossa língua.

— Pode voltar ao seu trabalho de puxa-saco de gringa. Deixe-me terminar o meu banho.

— Você andou chorando? Seus olhos estão inchados e vermelhos.

— Não sei o que é chorar, isso é coisa de gente fraca, eu sou uma mulher forte, não me dou a esses rompantes tolos. Caiu xampu em meus olhos.

— Nos dois olhos! Você é descuidada, pare de mentir, eu sei que ficou com ciúme do Tiaguinho aqui. Diga a verdade, sente algo neste seu coração gelado e duro. Eu consegui penetrar a camada de gelo que encobre seu coração. No meu, você fez morada, minha amada.

— É um tolo, como foi se apaixonar por uma garota de programa! Não sabe o que eu sou?

—Você é a mulher mais linda deste mundo, que mudará de profissão e aprenderá o valor que tem.

— E você pagará minhas despesas?

— Não, seu pai pagará. Eu não tenho dúvidas de que você é filha do americano, se parece muito com Olivia. Ele cuidará de você e dará tudo de que precisar. Se prepare para ser mimada, a filhinha do papai. Não percebeu que ele olha para você com os olhos cheio de carinho.

— Ele sente saudade de Sara, eu sou muito parecida com ela, esqueceu que me confundiu com ela quando nos conhecemos em São Paulo? É ela quem ele vê quando olha para meu rosto. Agora saia daqui e me deixe terminar o banho.

Tiago não obedeceu Isabela, tirou a roupa e entrou no banho junto com ela, se entregando à paixão que o dominava.

Capítulo 33

Após o agradável jantar na pensão, Vanessa, Lurdes e Renato se acomodaram em volta da mesa da sala de jantar, para estudar os livros sobre espiritualidade. Isabela e Tiago estavam atrasados para o jantar. Logo, se acomodaram à mesa, ao lado dos três, e se serviram da comida que ainda estava quente.

Rafael, George e Olivia estavam na sala, assistindo à TV. Rafael, vez ou outra, traduzia algumas frases da programação. George estava interessado nas imagens que mostravam lugares históricos do Brasil, entre outros pontos turísticos de grande beleza natural.

Lurdes começou a ler um trecho de livro e o assunto falava sobre encaminhar os espíritos perdidos para lugares mais indicados no astral. Jacinto saiu do sótão para seguir uma luz tênue criada por Arthur. O intuito era que esse espírito sofredor prestasse atenção na leitura dos livros, e aprendesse um pouco sobre a espiritualidade.

Jacinto, mesmo sentindo dores fortes, seguiu a luminosidade até a sala de jantar. Vanessa, Lurdes e Renato liam algumas páginas e comentavam sobre o que haviam compreendido, sobre o assunto em pauta. As mulheres perceberam que Renato, mesmo sendo um leigo, expunha opiniões que tinham lógica, dando uma nova interpretação para o texto estudado.

Lurdes sentia que Renato não estava sozinho quando explanava sobre questões que estavam além da interpretação que o texto abrangia. O corpo dela dava sinais que ali havia uma energia diferente, sentia arrepios em suas pernas. Renato falava de níveis evolutivos dentro da espiritualidade, que Lurdes não havia tomado conhecimento através da leitura.

Jacinto rastejava no chão por suas pernas estarem feridas pelo chicote que o acertou sem piedade. Ele não conseguia se locomover. A imagem realmente era aterradora e despertaria compaixão aos olhos de quem o visse naquele estado. Ele prestava atenção a tudo que era dito na sala e ficou furioso, quando Isabela pediu para pararem com aquela conversa estranha de lugares que só existiam na imaginação do escritor.

— Filha, se não acredita no que estamos estudando, não perturbe com comentários desnecessários, respeite nosso empenho e desejo de aprender sobre o assunto.

— Não acredito que continuamos vivos depois da morte. Não percebe que isso é ilusão para esquecermos que desapareceremos para sempre! Somos nada e nada continuaremos a ser. Não se iludam, depois da morte nos tornamos matéria apodrecida embaixo da terra.

— Não acredita realmente no que está dizendo, bela morena! Não acredita que continuamos vivos em outro lugar?

— Alguém que se foi retornou para contar como é do outro lado?

— Sim, muitos voltam e narram o que encontraram por lá, acredito nisso, existem muitas pessoas com sensibilidade que têm contato com os espíritos do outro lado.

— Tiago, imaginei que fosse cético. Estou surpresa com essa revelação que acabo de ouvir — disse Isabela sorrindo para Tiago. E ele continuou:

— Estou adorando a conversa dos três, posso fazer parte deste grupo de estudos enquanto estiver na cidade?

— Seja bem-vindo, Tiago, termine o jantar e una-se a nós — disse Renato animado. — Quanto mais pessoas se instruindo, será melhor para enfrentar os desafios que virão.

— Senti uma ponta de profecia chegando com essa frase. Pode dizer a que desafios você se refere?

Renato se ajeitou na cadeira e perguntou um tanto constrangido:

— Disse algo sobre desafios?

— Não se lembra da frase que proferiu? — perguntou Lurdes.

— Às vezes, sinto uma força estranha sobre minha cabeça e falo palavras que não consigo compreender.

— Não se assuste, é normal para quem está aprendendo a lidar com a própria sensibilidade mediúnica. Solte-se, deixe que o espírito que se aproximou de você fale por seu intermédio.

Depois que Lurdes o aconselhou, Renato fechou os olhos, equilibrou a respiração e começou a falar com uma voz que soava diferente da sua. Arthur finalmente se conectou à mente de Renato e se apresentou ao grupo.

— Que a luz esteja com todos vocês, é um prazer me apresentar para este grupo de amigos. Meu nome é Arthur, sou agraciado com o desenvolvimento mediúnico deste amigo de outros tempos. Esperava por esse momento para dar início ao trabalho combinado antes de encarnar no planeta.

— Seja bem-vindo, Arthur, pelo que compreendi, será o mentor de Renato. Já o conhece há muito tempo?

— Sim, somos velhos amigos, como ele me pediu, estive por perto para lembrá-lo sobre o trabalho que prometeu desenvolver, existem muitos espíritos necessitando de socorro. Neste momento, o primeiro dono deste antigo casarão está solicitando ajuda para deixar a casa, e ser resgatado com o auxílio do grupo de estudos que se formou aqui. Estão todos dispostos a colaborar com o resgate deste irmão?

— Estou, mas não sei como agir para ajudar no resgate de um irmão em sofrimento. Diga-nos o que podemos fazer.

— Elevem seus pensamentos ao Criador, vibrem positivamente e mentalmente solicitem ajuda para nosso irmão que sofre. Todos deem as mãos, fechando um círculo de energia positiva que permitirá a restauração do corpo astral de nosso companheiro que sofreu dilacerações. Todos pensem em saúde, essa energia penetra e regenera seu corpo astral, precisamos da energia dos que vivem na carne para restabelecer o corpo que ainda vibra em baixa frequência. Compreenderam?

— Somos leigos neste assunto. Se puder explicar, agradecemos — falou Lurdes, curiosa com o que estava acontecendo ali.

—Teria prazer em explicar o que não sabem, mas perderíamos um tempo precioso para nossa comunicação e ajuda aos irmãos necessitados. Sugiro que para essa parte teórica estudem através dos livros que muitos médiuns permitiram se materializarem por meio de sua sensibilidade. Posso me dispor a tirar as dúvidas do grupo em um momento mais oportuno.

Todos concordaram com o mentor e estenderam as mãos fechando um círculo energético, que Arthur encaminhou diretamente para Jacinto. A energia gerada dos encarnados reconstituiu o corpo dele e aliviou suas dores. Ele se transformou e sentiu gratidão por aqueles que tanto havia sugado e prejudicado anteriormente.

Arthur enviou um casal de enfermeiros do astral para efetuar o resgate de Jacinto. Ao ver a beleza da enfermeira Beatriz, Jacinto caiu de joelhos, imaginando estar diante de uma santa no altar, e implorou:

— Tende piedade, senhora, não consegui cumprir minha promessa de entregar minhas filhas para servir a Deus como religiosas do convento. Estou em dívida para com Deus, que um dia me curou de uma grave doença.

—Sua dívida, Jacinto, é com você mesmo. Deus não cobra nada. Venha, precisa aprender como as coisas realmente funcionam no universo criado por Deus. Está livre de sua promessa, não tinha o direito de manipular a vida das pessoas que o cercavam. Tem muito para aprender, Jacinto.

Beatriz estendeu a mão para Jacinto e o enfermeiro fez o mesmo, segurando a outra mão do resgatado, os três desapareceram atravessando o portal que se abriu ao comando de Arthur, e se fechou logo depois.

Arthur deu por encerrada a reunião mediúnica e se despediu do grupo, deixando no ar uma deliciosa vibração de amor espalhada no ambiente. Com o afastamento de todos os espíritos que estavam negativando a energia do casarão, todos sentiram uma leveza no ar, a paz triunfava finalmente e as mudanças teriam força para ocorrer, só dependeria de como reagisse cada um dos moradores e hóspedes, para manter a energia positiva que trazia bênçãos para todos.

Isabela estava perplexa com o que havia presenciado, ela estava ciente de que a paz que sentia não era obra de Renato, que fez um teatro representando um personagem criado por ele. Ao mesmo tempo, sabia que seu irmão não era um grande ator como pareceu ser. Teve certeza de que algo havia ocorrido, mas não sabia explicar o quê. Estava tão cansada de ser forte na vida que decidiu ficar na dúvida e procurar por provas, pedindo a Deus que mostrasse a verdade. Ela se abriria para o novo.

Tiago estava feliz e cumprimentava Renato por ter coragem de mostrar sua sensibilidade. De alguma forma, Tiago sentia a necessidade de colaborar com Renato, e decidiu ficar em Belo Horizonte depois que seu contrato com os americanos terminasse, planejava se casar com Isabela e fazer parte do grupo de estudos espiritualistas, longe de dogmas religiosos. Desejava ter notícias de sua amada mãezinha, que havia falecido há três anos, deixando um grande vazio na vida dele. O rapaz vivia sozinho em São Paulo, depois que deixou os parentes em uma cidade do interior, na esperança de encontrar a cura para a grave doença da mãe, parou de dar aulas de inglês e se tornou taxista para ter mais tempo para cuidar dela. Preferiu continuar na cidade depois da morte da mãe.

Na casa de Vanessa, ele encontrou o que mais desejava, a mulher que amava, o carinho maternal de Lurdes e seu delicioso tempero, estava feliz por encontrar um grupo de estudos e fazer parte dele. Tinha certeza de que conseguiria ser amado por Isabela um dia, torcia para Lurdes esquecer Juiz de Fora e viver no casarão com eles.

Capítulo 34

Quinze dias se passaram e o resultado do exame de paternidade ficou pronto, Olivia fez questão de ficar com o pai no Brasil esperando o resultado, havia ligado para a mãe nos Estados Unidos, contando que o pai encontrou uma suposta filha. Virginia ficou furiosa, a relação do casal, que não andava muito bem, ficou insustentável. Ela não suportava mais o ciúme dele, as desconfianças e os testes a que era submetida sua fidelidade.

Virginia ligou para celular de George e informou que estava entrando com o pedido de divórcio, ela não aceitaria ter de dividir o patrimônio com uma bastarda. Foi direta quando afirmou que todo o patrimônio da família ela havia ajudado a construir.

George também sentia que ele e Virginia haviam se distanciado com o tempo, os objetivos e os ideais não convergiam como no início da relação. Depois dessa longa conversa, George apanhou sua carteira e saiu para caminhar na rua, Tiago tentou acompanhá-lo, mas sem sucesso:

— Não precisa me acompanhar, preciso ficar sozinho, quero caminhar um pouco para colocar as ideias no lugar. Tenho o número de seu celular se me perder pela cidade, ligarei pedindo que me encontre em um lugar de comércio.

Fique aqui com ao lado de Olivia, ela está discutindo com a mãe pelo telefone.

***

George saiu no portão escolhendo uma direção sem pensar para onde este caminho o conduziria. Havia prometido para Isabela que a levaria para os Estados Unidos. Queria dar a ela a oportunidade de mudar de vida, não suportava a ideia de uma de suas filhas servir a desconhecidos na cama. Faria tudo para incentivar Isabela a estudar, ter uma profissão rendosa em que ela pudesse se manter sozinha, arcando com todas suas despesas. George sabia da importância da independência feminina. Compraria um apartamento para Isabela no lugar que ela escolhesse viver no Estados Unidos. A ganância de Virginia não seria empecilho para dar a Isabela uma pequena fortuna, ele sentia que devia isso a ela.

Caminhava planejando qual de seus imóveis venderia para entregar o dinheiro nas mãos da filha.

Ele caminhava sem perceber que alguém o seguia, George entrou em um parque público da cidade, fazia duas horas que caminhava pelas ruas e avenidas sem rumo, sentiu as pernas cansadas e resolveu sentar-se em um banco para descansar um pouco antes de ligar para Tiago vir buscá-lo, pois não tinha a menor ideia de como voltar para a pensão.

George procurou um banco na sombra de uma árvore, caminhou observando a beleza natural do parque, finalmente encontrou um recanto para descansar, sentou-se e olhou à sua volta. Deparou com Vanessa que havia se sentado em outro banco, esbaforida de cansaço por segui-lo.

Ele se levantou e foi até ela, perguntando:

— O que faz aqui? Você me seguiu?

— Sabia que iria se perder caminhando sozinho por uma cidade que não conhece. Estava saindo do mercadinho quando você passou apressado sem notar minha presença. Chamei por você, mas não me ouviu; sabia que não estava bem, percebi que seus passos estavam duros a cada passada que dava. Ficou assim depois do resultado do exame, não acreditou que eu havia dito a verdade. Estava tão claro que Isabela é sua filha, seu idiota! Se deseja abandoná-la, eu lhe asseguro que nada faltará para ela, jamais deixaria nossa filha passar fome novamente pelas ruas.

— Não tem ideia como me dói saber que você e minha filha passaram por necessidades nas ruas desta cidade. Perdoe-me. Eu fui um irresponsável e tolo, tirando você de minha vida por uma desconfiança de traição! Perdoe-me por todo o mal que lhe fiz.

— Nunca o trai, eu o amava demais, George. Você tem ideia do que foi carregar Isabela em minha barriga passando por todo tipo de necessidade nas ruas? Sem ter, ao menos, um cantinho para colocar a cabeça à noite para descansar! Não, você não tem ideia do que é ter seu corpo agredido mesmo estando grávida e indefesa. Suportei tudo e o odiei a cada instante de minha vida, todo amor que sentia se transformou em ódio! Prometi que me vingaria de você e que jamais saberia que Isabela existia, você tirou Sara de meus braços, mas Isabela era minha, e cada dia ela se parecia mais com Sara, eu tinha minha amada filha de volta e ela era somente minha.

— Se eu soubesse a verdade, jamais teria acabado com nossa família, poderíamos ter tantos momentos felizes, juntos em nossa casa simples e aconchegante. Eu estraguei tudo! Perdão, Vanessa, perdão.

— Sabe, algo me diz que também não fui santa e pura. Eu sabia que você era um homem ciumento e mesmo assim vesti a roupa de passista e fui me apresentar naquela maldita festa. Estou cansada de odiá-lo, não quero mais ter esse sentimento ruim dentro do meu coração. Desejo ter paz e sei que encontrarei a paz, se limpar todo meu ser dessa mácula escura que é o ódio, que morou por anos neste peito. Do fundo do meu coração, eu o perdoo, George.

Vanessa, ao terminar de dizer essas palavras com toda a verdade de sentimentos, sentiu uma calmaria brotando do seu peito, como se ela tivesse tirado um grande peso que comprimia seu coração.

George também sentiu um grande alívio ao receber o perdão da mulher que ele havia feito sofrer por tê-lo amado um dia. Tomou lugar no banco ao lado dela e ficou ali curtindo a paz restaurada entre os dois até a noite cair. Conversaram sobre diversos assuntos, ele falava dos planos que tinha para o futuro de Isabela nos Estados Unidos. E disse:

— Sei que ela é minha filha também, mas quero lhe fazer um pedido. Permita que ela venha viver nos Estados Unidos, quero que encontre uma profissão que lhe agrade. E se sinta uma pessoa útil e feliz. Preciso dar isso a ela, peço sua permissão, mudaremos o registro de nascimento, quero que conste meu nome como pai.

— Ela vai adorar ter seu sobrenome, assim poderá ter a cidadania americana, ir e vir de lá o quanto desejar.

— Você também pode nos acompanhar, se desejar, viverão comigo, tenho certeza de que Renato adoraria viver no Estados Unidos.

— Não, George, não seria aconselhável vivermos novamente juntos, nosso lugar é aqui. Tenho planos para melhorar o casarão e o transformá-lo em uma pousada agradável e aconchegante.

— Não daria uma nova chance para nosso amor? Saiba que eu nunca consegui esquecê-la! Ainda tenho um fraco por passistas brasileiras.

— E eu tenho por gringos americanos, mas não, George, o tempo conseguiu tirá-lo do meu coração. Daquele amor nada restou aqui dentro.

— Imaginei que aceitaria meu convite para viver ao meu lado, pena, eu estou solteiro novamente. Minha mulher ficou furiosa quando Olivia contou sobre Isabela. Pediu o divórcio.

— Tenho certeza de que encontrará outra companheira. A noite chegou, temos que voltar para casa, sabe qual o caminho de volta para o casarão?

— Não, ligarei para Tiago, ele vem ao nosso encontro. Depois dessa conversa com você, meu apetite voltou, podemos esperá-lo em uma lanchonete aqui por perto.

— Do outro lado da rua tem um *shopping*, podemos esperar Tiago na praça de alimentação, saboreando um delicioso sanduíche por lá.

Os dois, depois de falarem com Tiago, atravessam a rua e entraram no *shopping*. Lá encontraram com Isabela, Renato e Lurdes que faziam algumas comprinhas. Lurdes tomou a decisão de ficar na cidade, depois que Rafael decidiu tentar novamente a sorte nos Estados Unidos, ele precisava de um emprego, ligou para um amigo que vivia em Nova Iorque e conseguiu uma colocação em uma empresa conceituada no mercado americano.

Lurdes decidiu alugar sua casa mobiliada em Juiz de Fora, aceitando o convite de formar uma sociedade com Vanessa e Renato para melhorar a pensão, transformando-a em pousada. Lurdes era como uma avó carinhosa, que sabia a palavra certa no momento certo, e tudo que ela preparava na cozinha era delicioso. O grupo tinha certeza de que o tempero de Lurdes atrairia muitos hóspedes para a pousada. Todos teriam lucro e viveriam juntos, desfrutando da alegria de bons momentos vividos com pessoas afins.

Tiago se uniu ao grupo que encontrou na praça de alimentação do *shopping*.

Isabela recebeu a confirmação de que George era seu pai biológico e ele a convidou para viver no Estados Unidos. Tiago chegou quando eles comemoravam a partida de Isabela para lá. Ele estava desolado e seu sorriso se apagou em seu rosto bonito. Não suportava a ideia de perder Isabela. A mulher que ele sempre desejou.

George, então, fez algo inesperado, convidou Tiago para trabalhar com ele. O rapaz ficou feliz de receber aquele convite, mas não sabia em que seria útil para o velho americano em sua terra natal. George afirmava que ele seria útil como secretário direto nos negócios da transportadora que tinha há mais de dez anos, em Denver, pretendia abrir uma filial em Nova Iorque. Assim, Tiago encontrou a oportunidade que desejava para ficar ao lado de Isabela e conquistar definitivamente seu amor. Apagaria o passado dela de sua mente e teriam a vida inteira para serem felizes juntos.

George decidiu comemorar em um dos restaurantes mais caros do lugar, ligou para Rafael e pediu que ele e Olivia fossem ao *shopping* para que todos celebrassem juntos as novidades.

Capítulo 35

Após desligar o telefone, Rafael estranhou o convite, não sabia que ele e Olivia estavam sozinhos na pensão. Bateu na porta do quarto dela e ficou sem graça, quando ela abriu a porta enrolada em uma tolha de banho.

O rapaz ficou corado pelo desejo que o invadiu com aquela visão excitante, o perfume que o corpo de Olivia exalava deixou Rafael em êxtase. E ela, também constrangida, perguntou:

— Aconteceu alguma coisa, Rafael?

— Sim, você está incrivelmente sensual e me deixou louco de desejo. Olivia, desejo alucinadamente ver essa toalha cair, deixando seu corpo escultural à mostra.

— Posso realizar o seu desejo. Entre e feche a porta, também estou sentindo no ar esse louco desejo de ficar em seus braços, não percebeu que continuei neste casarão velho apenas para estar perto de você?

— Verdade? Gosta da minha presença?

— Desde a primeira vez que coloquei meus olhos em você. É irresistivelmente atraente e desperta o meu desejo. Pensei que não o atraía, que não notava meus olhares maliciosos.

— Estava com Sara em minha mente o tempo todo. Mas, senti uma atração por você, é uma mulher linda e cheia de predicados.

Os dois trocaram beijos ardentes e entre perguntas e respostas, Rafael pegou Olivia nos braços e a deitou na cama, sem pensar nas consequências de seus atos.

Antes de se entregar ao viúvo de sua irmã, Olivia perguntou:

— Não faria amor comigo somente por eu ser parecida fisicamente com Sara, faria?

— Não, você tem os traços parecidos com os de Sara, mas, se desejasse alguém somente parecida estaria na cama com Isabela, e não com você. É você quem eu desejo, amei Sara, mas ela se foi. E você está aqui, tem um gosto e um cheiro delicioso que me deixam louco de prazer, Olivia.

Os dois se entregaram ao prazer do sexo. Uma hora depois, o celular de Rafael mostrava que George havia realizado cinco chamadas, estavam saindo do banho e se vestindo, quando Tiago bateu na porta do quarto de Olivia acompanhado de Isabela.

Olivia, já vestida, abriu a porta com os cabelos ainda molhados, ficou assustada ao se deparar com os dois. Isabela, que era muito observadora, logo viu que Olivia não estava sozinha no quarto, empurrou a porta e Rafael surgiu logo atrás.

— Você é atrevida, garota! O que desejam aqui?

— Diga para minha irmãzinha que não precisa ficar agitada por ser pega em flagrante, não tenho a menor condição de julgar quem se entrega ao prazer dessa forma. Safadinha, pegou o viúvo gostosão.

Tiago olhou para os modos vulgares de Isabela e pediu a ela, antes de se dirigir a Olivia para traduzir o que havia sido dito:

— Você terá que mudar esses modos vulgares, tem muito a aprender para se tornar minha mulher.

Tiago deu o recado de George para Olivia, que terminou de se arrumar. Quando estavam saindo, Isabela levou o secador de cabelos de seu banheiro para emprestar a Olivia.

— Tiago, diga para Olivia não aparecer no *shopping* com os cabelos molhados, o pai dela saberá que ela e Rafael estavam juntos, e também para disfarçar essa cara de satisfação, que está denunciando o que esses dois acabaram de viver.

— Está tão nítido assim? — perguntou Rafael para o casal à sua frente, e foi Tiago quem respondeu:

— Está descaradamente nítido, sei que está feliz, os homens quando se apaixonam ficam com esse ar estampado no rosto. Foi mordido pelo inseto que espalha o vírus do amor.

— Fui, estava tentando espantar esse inseto atrevido por ser viúvo há pouco tempo. Mas, não consegui, ele me pegou de jeito. Mas parece que não fui o único a ser picado pelo inseto que espalha o vírus do amor, o casal parece que está vivendo a mesma epidemia viral, o inseto fez novas vítimas?

— Fez e esse vírus não tem cura, seguiremos para os Estados Unidos juntos com vocês, George me convidou para trabalhar com ele.

— Isso é maravilhoso! Parabéns ao casal.

Olivia desceu a escada entregando o secador de cabelos para Isabela, agradecendo a delicadeza.

Os dois casais fecharam as janelas do casarão e seguiram em dois carros para o *shopping*, que não ficava muito distante dali.

George acompanhou Vanessa, Lurdes e Renato à loja de material de construção, o grupo fez um orçamento do material de que precisavam para iniciar a reforma do casarão. George prometeu arcar com as despesas para dar a Vanessa uma espécie de indenização pelo sofrimento que ela passara. O orgulho dela não queria aceitar a gentileza de George, mas Renato com um sorrisinho nos lábios, que indicava que ele estava conectado a um amigo espiritual, disse:

— Aceite, ele está oferecendo de coração. Não seja orgulhosa, precisa desse incentivo para colocar seu plano em prática. Se prepare para ter um negócio lucrativo. Está na hora de mudar os pensamentos limitantes que cortam sua prosperidade. A felicidade fará morada em sua mente.

— Obrigada pelo incentivo, realmente estou feliz hoje, tirei um peso grande do peito. Perdoar é se libertar do peso excessivo que carregamos. Sem a ajuda espiritual talvez eu continuasse na arbitrariedade do meu caminho, escolhendo o ódio que amarra em vez do amor que liberta. É isso que desejo para minha vida, quanto mais amor melhor.

Lurdes ouviu as palavras de Vanessa e tomou a liberdade de dizer:

— O amor é o caminho que abre as portas da felicidade. Não importa a intensidade ou a quem doamos esse sentimento, tudo que o amor toca se torna luz. E luz ilumina o caminho deixando nossa jornada de aprendizado mais proveitosa. Fico feliz por encontrarmos um novo caminho e seguirmos juntos no aprendizado que pode ser divertido, de acordo com nossas escolhas. Enfrentaremos todos os desafios que virão. Nós podemos tudo, de acordo com nossa consciência e com amor as bênçãos chegam por mérito.

— Nossa amada Lurdes sempre tem algo agradável e coerente para dizer, está conectada aos bons espíritos — disse Renato que continuava ligado a Arthur e falou para as duas:

— Esse menino tem um lindo trabalho para realizar, será o professor de milhares de irmãos espalhados por este planeta. Sua palavra escrita ecoará nas mentes que têm sede de saber sobre a espiritualidade. Está na hora de escrever seu primeiro livro intuído pelos espíritos, o caminho está aberto, ajudem-no nessa tarefa.

Renato sorriu e mudou de assunto mostrando um piso que escolheu para colocar em seu quarto, Lurdes e Vanessa sabiam que ele não havia registrado as últimas palavras de Arthur. Continuaram escolhendo o material de que precisavam. Quando saíram da loja, encontraram-se com Tiago, Isabela,

Olivia e Rafael, à porta do restaurante que ficava do lado de fora do prédio do *shopping*.

Depois de se acomodarem em volta de uma grande mesa, foi servido um vinho que George escolheu no cardápio, todos levantaram as taças e brindaram o recomeço da vida.

George percebeu os olhares que Olivia e Rafael trocaram e brindou também aos novos casais, ao amor e ao perdão.

Ouviram risinhos constrangidos, mas, ninguém os julgava por desejarem estar juntos. Lurdes simpatizava com a nova nora e beijou a face de Olivia dando sua bênção ao casal.

Epílogo

Cinco anos se passaram.

Rafael e Olivia se casaram nos Estados Unidos e tiveram duas lindas meninas que eram a alegria da família. Eles sempre visitavam Tiago e Isabela, no Colorado, na cidade de Denver, que também eram pais de duas meninas, ali se reuniam todos nas férias escolares.

George se entendeu com Virginia, que acabou aceitando Isabela como herdeira do marido.

Lily estava empolgada para conhecer o Brasil na viagem que combinaram realizar no inverno americano. Não via a hora de conhecer o escritor famoso que a conquistou como leitora, sabia que sua meia-irmã Isabela era também meia-irmã de Renato Nogueira Arruda, o grande escritor brasileiro, que fazia sucesso na Europa e nos Estados Unidos. Seus livros foram traduzidos para mais de trinta línguas.

Lily contava para todos os amigos que Renato era seu parente e passaria as férias hospedada na casa do escritor. Mostrava imagens do casarão todo restaurado, e Renato estava lá, sorrindo em uma das janelas, com seu último livro nas mãos. Essa imagem rodava na mídia mundial divulgando o ensinamento simples e ao mesmo tempo esclarecedor do que encontrar depois da vida terrena.

O sucesso de Renato era tamanho que ele era convidado para dar palestras em diversos países. Uma dessas palestras seria realizada em Denver, o que deixou Lily eufórica, para conhecer seu maior ídolo, o autor Renato.

Na chegada de Renato ao aeroporto, Isabela foi recepcioná-lo levando com ela Lily. Quando apertou a mão que Renato lhe estendeu com naturalidade, Lily sentiu a deliciosa energia do escritor, ela fez questão de ser sua cicerone por toda a cidade. Renato havia aprendido a falar inglês. O que facilitou suas palestras em diversas partes do mundo.

Ele depois que chegou de um passeio com Lily à casa de Isabela, onde estava hospedado, ficou parado na porta da cozinha olhando para irmã cozinhando como qualquer mãe que cuida de sua família. As sobrinhas estavam à volta dela, esperando o lanche ficar pronto. Renato sorriu e ela perguntou:

— Do que está rindo, irmãozinho?

— Estou feliz e ao mesmo tempo surpreso, nunca pensei que mudaria tanto, minha Isa. Você tem modos hoje de uma verdadeira dama.

— Devo isso a Olivia e a Lily, elas me ajudaram na mudança de comportamento, realmente eu tinha um jeito vulgar.

— Não se preocupe, não ficou um só resquício da profissão que teve no Brasil. Você está linda, Isa. Eu sinto orgulho de ser seu irmão.

— Sei que sofreu por eu levar aquela vida desregrada, compreendo a vergonha que sentia. Mas, quem tem orgulho aqui sou eu! Meu irmãozinho se tornou um grande escritor. Adoro ler seus livros, mudou muitos conceitos em minha vida, sou sua fã. Não como Lily, essa exagera e tem verdadeira veneração por você e seu trabalho com os espíritos. Chegou longe, meu irmão, parabéns.

— Obrigado, é preciso dividir para somar. Eu espalho o amor e recebo o carinho das pessoas, sou apenas um canal de comunicação dos espíritos. São eles que têm todo o mérito por ensinar novos conceitos de uma vida mais equilibrada e feliz. Fico feliz em saber que você lê meus livros, mamãe também é uma leitora assídua, ficaria admirada com a mudança de dona Vanessa, até remoçou. Em nossa casa hoje vive a alegria, está sempre cheia de hóspedes que amam o tempero de Lurdes.

—Tenho saudade do tempero dela, quando chegarem as férias das meninas, vamos todos para o Brasil, não marque viagens para dezembro e janeiro, vamos fazer excursões pelo país todo para mostrar a esses gringos as belezas de nossa terra.

— Combinado. Será maravilhoso realizarmos uma viagem em família, Rafael e Olivia também irão?

— Sim, todos nós e até Virginia. Espero que mamãe não se incomode em hospedá-la no casarão.

— Não se preocupe, nossa mãe encontrou um novo amor. Meu editor, um homem que a trata com todo respeito e carinho.

— Que bom que ela está feliz. Mas, dona Lurdes continua sozinha?

— Ela não quer saber desse tipo de compromisso, Lurdes é tão divertida e está sempre rodeada por pessoas que a querem bem. Essa foi a escolha dela, ser feliz sem um companheiro ao seu lado, Lurdes ama sua liberdade.

— Tudo é uma questão de escolha na vida. Penso que também fiz a escolha certa. Viver ao lado de Tiago é maravilhoso, não conte para ele, além de ser um pai muito responsável e carinhoso, ele é amado demais por todas nós, não é mesmo, meninas?

Tiago entrou pela porta da frente e ouviu o elogio, escondido ao lado de Renato, que continuava parado à soleira da porta. Ao ouvir que era amado por toda sua família, ele apareceu e as crianças correram ao seu encontro, para os beijos e abraços que trocavam. Beijou Isabela dizendo que a amava.

Renato ficou feliz em ver a alegria e o ambiente saudável e agradável, os pequenos gestos e as palavras doces espalhavam energia positiva em todo o ambiente.

Lily entrou na casa e sorriu para Renato, convidando-o para uma festa com seus amigos do colégio. Ela beijou a face do rapaz, o deixando encantado com a proximidade de uma bela garota.

Durante a festa, tocou uma música romântica e os dois dançaram coladinhos. Não demorou muito para que Lily tomasse a iniciativa de beijar Renato nos lábios. Ele ficou constrangido, mas gostou do beijo roubado.

Quando Renato retornou para o Brasil, parte de seu coração ficou com Lily nos Estados Unidos. Ele estava apaixonado e ela, contava os dias para sua vinda ao Brasil.

O tempo passou lento para Lily, todos os dias, ela conversava com seu amado escritor pela internet. Finalmente, chegaram as férias e o casal se reencontrou.

Depois daquele verão, a moça não retornou para seu país, tornou-se secretária de Renato e nunca mais se separaram.

Lily finalmente entendeu que cada um responde por suas atitudes e que, conectados ao mais puro sentimento de amor, somos capazes de realizar tudo na vida.

FIM

Sucessos

Editora Vida & Consciência

Amadeu Ribeiro

A visita da verdade
Juntos na eternidade
O amor não tem limites
O amor nunca diz adeus
O preço da conquista
Reencontros
Segredos que a vida oculta vol.1
A beleza e seus mistérios vol.2
Amores escondidos vol. 3

Amarilis de Oliveira

Além da razão (pelo espírito Maria Amélia)
Nem tudo que reluz é ouro (pelo espírito Carlos Augusto dos Anjos)

Ana Cristina Vargas

pelos espíritos Layla e José Antônio

A morte é uma farsa
Além das palavras
Almas de Aço
Em busca de uma nova vida
Em tempos de liberdade
Encontrando a paz
Ídolos de barro
Intensa como o mar
Loucuras da alma
O bispo
O quarto crescente
Sinfonia da alma

André Ariel

Além do proibido
Em um mar de emoções
Eu sou assim
Surpresas da vida

Carlos Henrique de Oliveira

Ninguém foge da vida
Tudo é possível

Carlos Torres

A mão amiga
Querido Joseph (pelos espírito Jon)
Uma razão para viver

Cristina Cimminiello

O segredo do anjo de pedra

Eduardo França

A escolha
A força do perdão
Do fundo do coração
Enfim, a felicidade
Vestindo a verdade
Vidas entrelaçadas

Evaldo Ribeiro

Aprendendo a receber
Eu creio em mim
O amor abre todas as portas (pelo espírito Maruna Martins)

Floriano Serra

A grande mudança
A outra face
Ninguém tira o que é seu
Nunca é tarde
O mistério do reencontro
Quando menos se espera...

Gilvanize Balbino

De volta pra vida (pelo espírito Saul)
O homem que viveu demais (pelo espítiro Pedro)
O símbolo da vida (pelos espíritos Ferdinando e Bernard)
Horizonte das cotovias (pelo espírito Ferdinando)

Leonardo Rásica

Celeste - no caminho da verdade

Lucimara Gallicia

pelo espírito Moacyr

O que faço de mim?
Sem medo do amanhã

Marcelo Cezar

pelo espírito Marco Aurélio

A última chance
A vida sempre vence
Acorde pra vida!
Coragem para viver
Ela só queria casar...
Levante seu astral
(com Helton Villani)
Medo de amar
Nada é como parece
Nunca estamos sós
O amor é para os fortes
O preço da paz
O próximo passo
O que importa é o amor
Para sempre comigo
Só Deus sabe
Treze almas
Tudo tem um porquê
Um sopro de ternura
Você faz o amanhã

Maura de Albanesi

pelo espírito Joseph

O guardião do Sétimo Portal
Coleção Tô a fim

Meire Campezzi Marques

pelo espírito Thomas

A felicidade é uma escolha
Cada um é o que é
Na vida ninguém perde

Rose Elizabeth Mello

Como esquecer
Desafiando o destino
Os amores de uma vida
Verdadeiros Laços

Sérgio Chimatti

pelo espírito Anele

Apesar de parecer... Ele não está só
Ecos do passado
Lado a lado
Os protegidos
Um amor de quatro patas

Zibia Gasparetto

pelo espírito Lucius

A verdade de cada um
A vida sabe o que faz
Ela confiou na vida
Entre o amor e a guerra
Esmeralda
Espinhos do tempo
Laços eternos
Nada é por acaso
Ninguém é de ninguém
O advogado de Deus
O amanhã a Deus pertence
O amor venceu
O encontro inesperado
O fio do destino
O poder da escolha
O matuto
O morro das ilusões
Onde está Teresa?
Pelas portas do coração
Quando a vida escolhe
Quando chega a hora
Quando é preciso voltar
Se abrindo pra vida
Sem medo de viver
Só o amor consegue
Somos todos inocentes
Tudo tem seu preço
Tudo valeu a pena
Um amor de verdade
Vencendo o passado

Conheça mais sobre espiritualidade com outros sucessos.

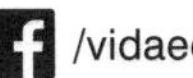

Rua Agostinho Gomes, 2.312 – SP
55 11 3577-3200

contato@vidaeconsciencia.com.br
www.vidaeconsciencia.com.br